5,-

RECLAM-BIBLIOTHEK

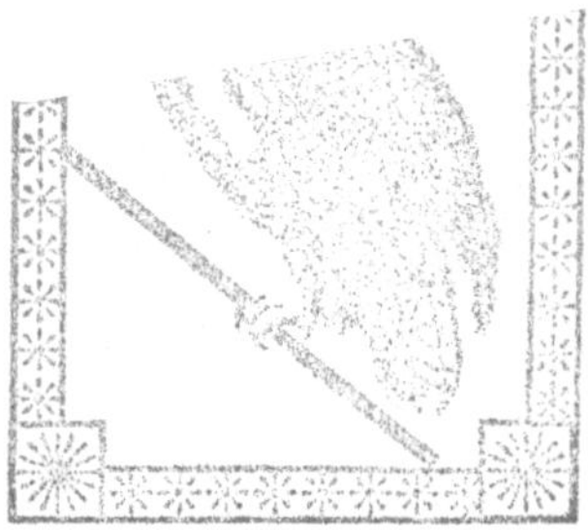

»Fort mit allen Tieren, die keine Knochen haben!« riefen die Böhmen, um ihre Flöhe wieder loszuwerden, und hatten damit sicherlich einen ähnlich großen Erfolg wie die Oberpfälzer, die ihre Mägde vor Sonnenaufgang unbekleidet die Stube kehren ließen. Auch das Einreiben mit Bock- oder Igelblut gestaltete sich wohl wenig angenehm. Dann doch lieber Pfirsichwasser!

Rainer Schmitz, Literaturredakteur des FOCUS, ist diesen und anderen Fragen nachgegangen und hat sowohl literarische wie auch dokumentarische Floh-Highlights unter die Lupe genommen.

Wir werden belehrt. Wir werden unterhalten. Müssen auch auf erotisch moussierende Passagen nicht verzichten. Ein flöhlicher Lesespaß. Frei ab 12.

Flohwalzer, Flohfallen und Flöhe im Ohr

Ein Lesebuch

Herausgegeben von Rainer Schmitz

RECLAM VERLAG LEIPZIG

ISBN 3-379-01588-1

Reclam-Bibliothek Band 1588
1. Auflage, 1997
Reihengestaltung: Hans Peter Willberg
Umschlaggestaltung: Matthias Gubig
Gesetzt aus Meridien
Satz: XYZ-Satzstudio, Naumburg
Druck und Bindung: Ebner Ulm
Printed in Germany

Der Floh – inhaltlich

Der Floh – hymnisch

Hymne an einen Floh

Lebenreicher Atem! beseeltes Staubkorn!
Ungeflügelter Kolibri! des Thierreichs
kleinster Bürger! dem großen
Elephanten durchs Blut verwandt!

Du auch gingst der Natur aus Schöpferhänden;
oder sprangst ihr vielmehr vom Künstler-Finger
ab, als Othem des Lebens
kaum dein Näschen umfächelte.

So lebendig schon warst du, kaum geschaffen!
Und als Schlummer des Todes noch die Thierwelt
rings umhüllte, hüpftest
du schon auf und ab in der Welt.

Harmlos freutest du dich des schönen Daseyns:
Blumen-Kelche – dein Sitz, und Blüthen-nektar –
deine Speise: bis Eva
mit des Apfels verbotner Frucht

Auf dem Blättchen des Stengels, wo du schliefest,
dich auch haschte. Da sprangst du, zorn-entflammet,
in den Busen der ersten
schönen Sünderin, die dich weckt'.

Und der brennende Stachel deines Mündchens
war die erste der Strafen ihrer Sünde,
der bald härtere folgten, –
Strafen einer gefall'nen Welt.

Aber in der gefall'nen Welt, wo Elend
rings um herrschete, lachtest du des Elends:
Dir behagte die neue
Wohnung unter den Lilien

Und den Rosen der schönsten Haut; die neue
Götter-Speise der reinsten Jungfernsäfte.
Seitdem thronest du immer
unter Weibern und Mädchen nur.

Also lautet des Talmuds alte Sage
von der Schöpfung des Floh's. Doch anders deutet
Hellas' Weisheit den Ursprung
und das Schicksal des Thier-Pygmees.

Amor (sagt sie) zur Zeit, als er noch Schmidt war,
und Haarnadeln und Ringe für die Mädchen
Paphos schmiedete, schuf euch,
Funken, die ihr ihm abgesprüht,

um – zu Flöhen, die nun die Mädchen nekken,
und, wie Feuer, die zarte Haut durchbrennen.
Aber als nun der Liebe
holde Mutter der Fluth entstieg,

und die Grazien ihr den Mantel, und den
Gürtel brachten; da setzte er, der lose
Bube, einen der schwarzen
Stachel-träger ihr in's Gewand.

Und als Juno von ihr den Gürtel borgte,
blieb der Floh darin sitzen. Lange hättest
du auf Idas umblümten
Gipfel schmachten gemußt, o Zeus!

hätte eben ein kleiner Stachel-träger
nicht die Göttin gebissen, an der Stelle
wo der Gürtel sich knüpfet,
den sie gerne nun lösen lies.

So erhaben, du kleiner Springer, war schon
unter Griechen dein Loos. Doch neidenswerth bleibt's
jetzt noch immer; und alle
Adams-Söhne misgönnen dir's.

Deine Wohnung, o Sohn des Glücks! sind Blumen-
Auen, schön wie sie Amor selbst nur pflanzet;
Unter Rosen und Lilien
Amathusiens weilest du.

Welche Aussicht entzückt dein Auge! Hügel,
wo die Grazien selbst sich sonnen; Thäler,
wo sie ruhen; und Haine,
wo die Mutter mit Amor'n scherzt.

Was der sehnende Jüngling nur im Traum sieht;
Was die Mädchen in hundert Schleier hüllen;
was selbst Hymen der Kühne
nur mit Mühe zu schaun erringt:

Das, und mehr noch – ist deiner lüstern' Aeuglein
Alltags-Weide: das siehst du Tag' und Nächte,
siehst es, wie und wie lang' es
irgend deinem Müthchen behagt.

Wenn der Vorhang des Brautbetts tief und tief schon
niederhänget; dann bist und bleibst du Zeugin
jeder himmlischen Wonne,
die im Becher der Liebe schäumt.

Alsdann schaust du, mit vorgestrecktem Kinnchen,
schlauen Blickes, die Scherze Amors; lauschest
mit hinhorchendem Ohre
jedem wonnigen O! und Ach!

Und das erste Geschenk der Ehe, welches
dem lusttrunkenen Mann das junge Weibchen
nach dem Ringe, verehret,
bist du, hüpfendes Satyrchen!

Ach! wofern dir ein Gott die Zunge löste,
was, was könntest du nicht dem Jüngling sagen
von dem Mädchen, das jetzt noch
Alles weigert, und Nichts gewährt?

Was, was könntest du nicht dem Bettgenossen
Nantchens lispeln in's Ohr von losen Küssen
und von mehr noch als Küssen,
die der Treuen!! ein Freund geraubt.

Aber bleibe nur stumm! und laß uns lieben!
Sichrer ruht das Geheimnis stets in Einem
Busen. Amor, der Näscher,
mag nicht gerne beschwazzet seyn.

So beneidenswerth wohnst du! und wie süße
Speise kitzelt den Gaum des netten Mündchens!
Götter-Ichor* der Mädchen
und der Jungfraun nur – trinkest du.

Ja! das trinkst du, du kleiner Jacobiner
und Blutsäufer. Doch trinkest du's in kleinern
Zügen, als die verwünschten
Avignonischen Jourdan's einst.

* So heißt beim Homer das Blut der Götter.

Aber wenn du dann lange gnug, voll Muthwills,
und muthwilliger noch, als junge Männer
ihre zärtlichen Weibchen,
deine Pflegerinnen geneckt:

Alsdann stirbst du den schönsten Tod von schönen,
weißen Händen; dein Blut benetzt das zärtste
Elfenbein: und dein Todes-
Seufzer tönt wie ein Jubelruf,

daß du fröhlich die Welt verläßest, wo du
so viel Schönes genossen; und, wie Weise
sollen, satt von des Lebens
Gastmahl weggehst, und frohen Danks.

Neidenswerthes Geschöpf! wenn einst mein Seelchen
diese Hütte verläßt, und pythagorisch
durch die Räume der Schöpfung
unstätt wandelt von Leib zu Leib:

Dann, o! weil' ich am längsten in der blanken
Eben-hülle, die dich o Floh, umschließet.
Mein Elysium ist dann
Hah! gewiß mir, dem Seligen!

Berlin. Unnennbar.

Aus: Zeitung für die elegante Welt 47 (1801), Bd. 1.

Der Floh – gelobt

Lob des Floh's.

Du kleiner Nero, Compagnon der Läuse,
Blutgieriger Tyrann!
Für dich stimm ich, nach Meister Linguets Weise
Nun auch ein Loblied an.

Dein ganz brünetter Teint, so sehr verschieden
Vom Teint der blonden Laus,
Erkohr gleich anfangs dein Geschlecht hienieden
Zu großen Thaten aus.

Nur deinen Stamm, der stets in ganzen Schaaren
Bei Mädchen Wache hält,
Hat die Natur zu tapfern Leibhusaren
Der Jungfrauschaft erwählt.

Und darum patroulliren auch Schwadronen
Von diesem leichten Heer
Beständig in den dunklen Regionen
Des Unterrocks umher.

Nichts schützt die Mädchen, die sich dir verschließen,
Vor deiner Blutbegier:
Die Erstlinge von ihrem Blute fließen
O Glücklicher, nur dir!

Du Springinsfeld bist überall gelitten,
Wo nie ein Mann hin soll,
Und schwelgst dich, gleich der Biene, an den Blüthen
Geheimer Schönheit voll.

Kein Fleck im ganzen weiblichen Gebiete,
Auch noch so heilig, ist,
Auf dem du nicht schon mit verwegnem Tritte
Herumspazieret bist.

Da ist kein Strauch, wo du dich nicht verstecktest,
Kein Plan, wo du nicht liefst,
Kein Hügelchen, wohin du dich nicht legtest,
Kein Thal, wo du nicht schliefst.

Ja wollte man einst auch rektifiziren
Der Schönheit Lustrevier,
So brauchte man, um recht es zu mappiren,
Nur dich zum Ingenier.

Nur dies verzeihen dir die Schönen nimmer,
Daß stets von jedem Kuß,
Den im Geheim du ihnen aufdrückst, immer
Ein Fleckchen zeugen muß.

D'rum lauren auch stets auf dich losen Näscher,
Enthüpfst du nicht geschwind,
Bei Tag und Nacht so viele hundert Häscher
Als Mädchenfinger sind.

Doch hascht ein Mädchen auch dich kleinen Springer
Zuletzt in ihrem Schoos,
So ist doch unter einem schönen Finger
Noch neidenswerth dein Loos.

Aus: Aloys Blumauer: Sämtliche Gedichte. Bd. 2. München 1827.

Der Floh – ursprünglich

Während der Sintflut strandete die Arche Noahs auf einem Felsen und bekam ein Leck. Da nun Noah und die Seinen in Gefahr waren, den Fischen zum Opfer zu fallen, redete die Schlange Noah an und versprach ihm, sie werde ihm helfen, wenn er sie nach Abnahme der Flut mit menschlichem Fleisch speisen würde. In seiner Verlegenheit willigte Noah ein, und die Schlange rollte sich in dem Loche zusammen, daß kein Wasser mehr ins Schiff fließen konnte. Als die Sintflut verlaufen war, forderte die Schlange ihre Belohnung. Noah aber fragte in heller Verzweiflung den Engel Gabriel um Rat, und wie dieser ihm gesagt, warf er die Schlange ins Feuer, wo sie gleich ganz verbrannte. Die Asche warf er in die Höhe, daß die Winde sie wegbliesen. Sie verwandelte sich in kleine Insekten, es wurden Wanzen und Flöhe und derlei Ungeziefer daraus. Die plagen die armen Menschen bis zum Jüngsten Tage, und auf die Weise genießt die alte Schlange ihre versprochene Speise.

Der Floh – biologisch I

Er ist schwarz, buckelig und immer zum Angriff bereit. Wenn der Blick des Menschen auf ihn fällt, so merkt er es, und dann springt er bald von rechts nach links, bald von links nach rechts, um sich dem Blicke des Menschen zu entziehen. Nach el-Dschâhiz hat der Floh die Gestalt eines Elefanten, legt Eier und wird ausgebrütet. Nach einer Überlieferung, die über Sufjân eth-Thauri – Allah erbarme sich seiner! – auf den Prophetengenossen Anas ibn Mâlik – Allah habe ihn selig! – zurückgeht, hat der Prophet gesagt: »Das Leben des Flohs beträgt fünf Tage« – nach anderen auch: »acht Tage«. Und Jahja ibn Châlid soll gesagt haben: »Der Floh gehört zu den Tieren, die gelegentlich auch fliegen, und er verpuppt sich in eine Wanze, wie ja auch die Raupen zu fliegen beginnen und zu Schmetterlingen werden.« Man sagt auch, daß der Floh die Kleiderläuse frißt und von dem Geruche des Rosenlorbeers stirbt.

Nach: Kadi Zakarija el-Kazwini: Die Wunder der Schöpfung. 13. Jahrhundert.

Der Floh – biologisch II

Pulex heisst ein Floh. Er entsteht aus angewärmtem Staub und fauliger Feuchtigkeit. Das beste Mittel gegen Flöhe ist, sich allabendlich den Leib mit Wermuthsaft einzureiben, oder, nach *Ambrosius*: man wird von den Flöhen verschont, wenn man Wermuthkraut mit Oel kocht und sich damit einreibt.

Aus: Conrad von Megenberg: Buch der Mater. Erstdruck der Handschrift aus dem 14. Jahrhundert. Nach einer Ausgabe von 1862.

Der Floh – annektierend

Flöhe halten Heidelberger Grundschule besetzt

Heidelberg (dpa) – In einer Heidelberger Grundschule haben Katzen- und Hundeflöhe das Feld erobert. In der vergangenen Woche hatten Schulverwaltungs- und Gesundheitsamt die Schule geschlossen, nachdem deren Leitung bei den Behörden den Einfall der unliebsamen Insekten gemeldet hatte. Den Schülern hatten die stechenden Tierchen unverhoffte Sonderferien beschert. Ein erster Angriff mit einem natürlichen Flohvernichtungsmittel blieb ohne Erfolg. Den Schülern seien inzwischen aber die Flohferien gestrichen worden, der Unterricht finde jetzt in einem anderen Gebäude statt, hieß es.

Aus: Süddeutsche Zeitung, 28. Mai 1993.

Der Floh – kriegerisch

Alt gemein Flöhenlied.

Die Weiber mit den Flöhen
Die han ein stäten krieg
Sie geben auß groß Lehen
Das man sie all erschlieg
Und ließ ihr kein entrinnen
Das wer der Weiber brauch.
So hettens rhuw heim spinnen
Und in der Kirchen auch.

Der Krieg hebt an am morgen
Und werd biß in die Nacht
Die Weiber ihn nicht borgen
Und heben an die Schlacht.
Und so sich die Schlacht fahet an
Werffen sie das Gewand darnan
Und allweil sie zufechten han
In dem Streit sie nackend stahn.

Und wiewol man klagt sehre
Das sie seind schuldig dran
Das sich das Flöhgeschmeiß mehre
Weil sie Beltz tragen an.
Sag ich, es sey erlogen
Dann Gott hat Enä bald
Im Garten Beltz anzogen
Wer ist der Gott je schalt.

Ja hett ich allweg pare
Ein Gulden in der Hand
Als offt die Weiber fahren

Nach Flöhen unders Gwand
Ich wirt ein reicher Knabe.
Hett einen köstlichen Zoll,
Ich wollte gar bald haben
Ein gantze Truhen voll.

Und köndt ein Mönch verbannen
Die Flöh so ungeheur
Mit brieffen treiben dannen
Dieß Weiber Fegefeur,
Verstieß die Flöh so böse
Hin in die Höllen recht
Der wirt sehr viel Gelt lösen
Von dem Weiblichen gschlecht.

Der diß Lied hat gesungen
Trägt ein Mitleiden groß
Mit Weibern hart getrungen
Von Flöhen uber d moß,
Und wünscht das alle Künste
Gedächten auff all wäg
Das man zur Frawen dienste
Der Flöhen mutwill leg.

Flugblatt von 1530

Anmerkung des Herausgebers:

Dieses »Alt gemein Flöhenlied« erschien auf einem Flugblatt im Jahre 1530. Etwa 30 Jahre später, 1583, hat es Johann Fischart in sein Lehrgedicht »Flöh Haz, Weiber Traz« mit Hinweis auf eine ältere Quelle übernommen und bearbeitet. Das Lied scheint sich einst großer Popularität erfreut zu haben. Eine Variante der ersten vier Verse birgt die Vorrede zum »Rastbüchlein und Katzipori« von Michael Lindner (1558). Mit leichten Abweichungen findet sich dieses »Floh-Lied« auch im »Ambraser Liederbuch« (Nr. 213), in Ludwig Uhlands »Volksliedern« sowie in anderen Volksliedsammlungen.

Der Floh – gejagt

Die Flöh-Jagd

Das Jagen auf der Welt ist sehr verschiedentlich,
Drum halten auch nicht alle Jagden Stich.
Der jaget nach Gewinn; und der nach Ruhm und Ehre;
Ein andrer wählt die Jagd auf dem gestreckten Meere;
Noch andre, die Cupido plagt,
Die halten mit der jungen Magd
Oft ein Hetz- und Kuppel-Jagd!

Doch keine davon kann mich reizen
So sehr auch viele darnach geizen.
Doch itzt entdeck ich noch auf unbekannten Küsten
Ein angenehmeres Revier!
Und dürfte manchem wohl zu dem Versuch gelüsten;
Allein – – hier eben steckt die Noth!
Ein uns nur sträfliches Verboth
Versagt uns noch zur Zeit die angenehmen Gränzen;
Wir müsten es dann einmal schwänzen.
Die Schönen haben hier die Jagd-Gerechtigkeit,
Womit man niemand sonst als einem (!) Mann beleiht,
Der eine solche Schöne freyt.
Die Schönen jagen hier auf weißen Schnee-Gebürgen,
Und durch ein schwarz-belaubtes Thal,
Wo sie sehr oft in nie beniemter Zahl,
Und zur Befreyung ihrer Qual,
Ein braun und leichtes Wild selbst haschen und erwürgen.
Die Jagd – – wirft Stax verwundernd ein,
Die hab ich doch mein Tage nicht gesehen!
Was sollte das für Wildbret seyn,

Wornach die Jungfern jagen gehen?
Du Stax! sie jagen noch den Flöhen,
Und dies pflegt nur allein bey Nachtzeit zu geschehen;
Denn machten sie die Jagd bey Tage so gemein,
So wollte jeder Stax ein Spürhund dabey seyn!
Drum jagen sie bey später Flamme-Scheine,
Hier jagen sie vor sich alleine.
Mir hat es nächst nach Wunsch geglückt,
Das ich ganz unverhoft Lisetten schlau berückt,
Und ihre Jägerey mit vieler Lust erblickt;
Doch da die Jungfern uns dies Jagen so verheelen,
So will ich, mögen sie doch schmählen!
Lisettens ganze Jagd erzählen:
Ein Licht, das in dem Fenster stund,
Dies machte mir die Jagd, nebst der Reviren (!) kund;
Lisette ließ hier frey die weissen Wände nieder,
Und jagte meisterlich das Wildbret hin und wieder.
Doch endlich wurde sie bey dieser Arbeit matt,
Und froh bey ihrer vielen Beute,
Bedeckte sie die schöne Heide,
Und wurde selbst des Jagens satt.
Der Vorhang zog sich schleunig zu,
Das Licht ging plötzlich aus, und ließ mich nichts mehr sehen,
Lisette mochte wohl nunmehr zu Bette gehen!
Jedoch ich hatte schon zur Lust genug gesehen.
Drum wünscht ich dieser Jägerin,
Nach dem erbeuteten Gewinn,
Indem ich sie verließ, noch eine sanfte Ruh.
Verzeih es mir, galante Schaar!
Ich mache diese Jagd nur darum offenbar,
Damit ihr sie hinfort für uns geheimer treibet,
Damit sie künftighin der Welt verborgen bleibet.
Ja! nehmt euch künftig nur in acht,
Damit dies Jagen bey der Nacht
Nicht etwan Staxen auch noch einmal lüstern macht,
Der oft des Nachts für Doris Fenster schleichet,

Und dann die ganze Stadt durchsteiget,
Und wie ein Jagdhund pflegt, das arme Wild verscheuchet.
Wohlan! so nehmt von mir noch diesen guten Rath,
Damit nicht etwan Stax sich eurem Fenster naht,
Und eure Jagd belauscht, so wie ich neulich that;
So jagt nicht mehr als weisse Nachtgespenster
An dem verrätherischen Fenster,
Wie? oder ziehet nur den Vorhang besser zu,
So jagt ihr doch in ungestöhrter Ruh.

Aus: Christoph Ludwig Pfeiffer: Versuch in Poetischen Erzählungen. Frankfurt, Leipzig 1756.

Der Floh – lexikalisch I

Floh, Lateinisch Pulex, Griechisch *ψύλλα*, Frantzösisch Puce, Italiänisch Pulice, Spanisch la Pulga, ist ein kleines, jedermann bekanntes und beschwerliches Ungezriefer, welches zu gar nichts zu taugen und zu nutzen scheinet. Den Teutschen Namen Floh hat vielleicht dieses kleine Thierlein von seiner grossen Geschwindigkeit bekommen, daß er gleichsam davon flöhe, wenn er bey dem Frauenzimmer genaschet, und ihnen gleichsam das Blut abgestohlen, wiewohl er offt den Raub mit seinem eigenen Blute bezahlen muß. Wegen seines süssen Fleisches soll er seinen Nahmen Pulex von Puella und Lex her haben, weil doch allemahl die Mägdgen, wenn sie einen haschen, die Finger darnach lecken. Jedoch man überlässet die Etymologias gantz gerne denen Criticis. Wie auch cuius generis pulex sey? und sagen ihrer viele, daß es unzählig viel Arten derer Flöhe gäbe, und ein jedwedes Thier hat seine pecuiisire Sorte von dergleichen Thiergen. Wie denn *Franciscus Bedi* in seinen Experimentis circa generationem infectorum, 29. Arten abbildet; Und man kann solches auch aus der täglichen Erfahrung sehen, wenn man nur eines Menschen-Hundes- und Hühner-Floh betrachtet, da immer einer den andern übertrifft, da der vom Hunde der dickeste oder fetteste; der von Hühnern aber der magerste und weichste ist, daß man solchen kaum anrühren darf, so zerfahren sie. Wie sonsten aber ein Floh, wenn man ihn mit blossen Augen betrachtet, aussiehet, ist wohl nicht nöthig erst hier zu beschreiben, weil er genugsam bekannt ist; jedoch haben sich die alten von ihm schon wunderliche Einbildungen gemacht, ehe sie mit denen Vergrösserungs-Gläsern versehen gewesen, da sie selbige bald denen Heuschrecken verglichen, bald denen Krebsen, mit vielen Stacheln umgeben, vornemlich auf denen Beinen und Schenckeln; und ungeachtet *Kircherus* schon ein Vergrösserungs-Glaß gehabt, wie er sich denn groß damit weiß, da er einen andern, der von Flöhen gehandelt, selber durchzühet, wenn er spricht: Si microscopiis instructus fuisset, aliter iudicasset, so hat er doch grausam geschlägelt, wenn er ihnen einen so garstigen Ursprung zuschreibet etc. als wenn sie aus Urin, Staub und Koth, so aus denen Zimmern gefeget wird, gezeuget würden: wie solches *Leeuvvenhoek* in seinen Arcanis Naturae detectis Part. I. Ep. 76. p. 374. ihn verwirfft und wiederleget: und *Borellus* obs. 12. der sonst scharffsinnige, aber in diesem Falle wenig scharffsichtige Medicus eignet ihnen gar Schwäntze zu, womit sie die Menschen verletzen sollen. Da er vielleicht ein Bein an Stat des Zahles angesehen, wiewohl selbige ihn zu verletzen nicht gegeben sind, sondern sich damit in die Flucht zu setzen. Und ungeachtet er mit einer schwartzen Haut, als wie mit einem Pantzer, wie ein Ritters-Mann umgeben ist, so kömmt er doch mit denen Krebsen gantz nicht überein; denn man ihn sieden so lange man will, mit oder ohne Saltz, mit Lauge, oder ohne dieselbige, so bleibet er dennoch bey seiner schwartzbräunlichen Farbe, so wie er ins Wasser gethan worden, und wird nimmermehr wie die Krebse roth: und mit denen Heuschrecken ist er im geringsten nicht zu vergleichen, indem er nicht ein eintziges Glied hat, das irgends einem von einer Heuschrecke ähnlich wäre, wenn man ihr gleich alle Flügel ausrisse. Damit man sich aber mit der Gestallt dieses schwartzen Ritters-Mannes nicht länger aufhalte, so wollen wir uns zu dem Herrn *Leeuvvenhok* wenden, der die Figur in seinen Arcanis naturae p. 357. Fig. 7. vorstellet, und zwar wie er würcklich durch das Microscopium aussiehet; da sein Pantzer oder Haut Schuppen-Weise ihn bedecket, und um und um mit Haaren, so oben alle etwas gebogen sind, bekleidet ist: Bey denen Augen ist er noch a part mit einer Schuppe, als mit einem Schilde versehen, und aus dem Kopfe an Stat des Rüssels gehen 2. Eminentien hervor, die wie 2. Hörner aussehen, und bald zuvörderst bey denen ersten Beinen zu finden sind, welche eine Capsel abgeben, worinnen ihr Stachel zu finden ist; welche aus dreyen Gelencken bestehen, ausser demjenigen, wodurch sie an dem Kopfe hangen, welche, wenn der Floh nun seine Nahrung suchet, er zusammen zwischen die vordere Beine zeucht, daß man den Stachel nicht sehen kann. Wenn er nun aber auf Fourage ausgehet, so setzet er diese 2. Hörner, oder so man es so nennen mag, Rüssel, neben einander, welche sich zusammenthun, da er denn den Stachel in die Haut stecket, und sauget also das Blut dadurch an sich. Weil aber diese 2. Stachel harte neben einander stechen, und gleichsam noch eine a parte Capsel machen, so ist es, als wenn nur ein Stachel in die Haut gefahren wäre: Nebst dem ist er noch mit 6. Beinen versehen, welche alle an dem vordern Theile des Leibes zu finden sind, welche, soferne man sie durch das Microscopium ansiehet, alle wie ein gelber Birn-Stein durchsichtig leuchten, in welchen man auch so gar, wenn man nur mit einem guten Glase versehen ist, und ein gut Gesichte hat, das Geblüte laussen sehen kañ, weñ der Floh noch lebendig ist. Dieser Beine hat jedwedes 8. Gelencke, davon die obersten zwey am Leibe die stärcksten sind, und mit subtilen Haaren bewachsen, wie solches *Leeuvvenhoek* l. c. Fig. II klärlich zeiget. Die untersten 5. Gelencke aber sind gleichsam mit Borsten bewachsen, und stecken eines in dem andern, wie die Krebs-Scheeren; zu Ende aber dererselben haben sie zwey vollkommene Klauen, die aber ein Floh so geschwinde bewegen, einzühen und ausstrecken kann, daß er nur das geringste vom Kothe darf finden, so kann er sich gleich damit anhalten und kleben bleiben. Wenn er nun aber davon springen will, und sich mit der Flucht saluiren, so zühet er solche an den Leib an, und strecket sie alle von sich hinten aus; wenn er nun solche loß gehen lässet, und sie wie eine Feder loß springen, so hebet er sich damit in die Höhe, und weil die Füsse alle länger sind als der gantze Leib, die hintersten aber die allerlängsten, so kann er sich sehr weit heben, wie solches einer sich gar sehr gut einbilden kann, der die naturam vectis verstehet, oder zu denen Kindern, (weil wir ohne dieß von solchen lernen sollen) in die Schule gehet, die, wenn sie sich ihrer Fröschlein von Nuß-Schalen mache, in deren Mitte sie starr eine Seite zühen, und ein klein Höltzlein dadurch machen, welches sie hinten mit etwas aufkleben, wenn solches hernach loß gehet, so springet das Fröschlein weit davon. Und also siehet man hier, wie sie ihren Sprung verrichten, und man nicht nöthig hat, mit denen alten sich einzubilden, als ob sie kleine Flügel hätten. Wie jener alte Poet deswegen gedichtet, qui possunt hüpfere longe, non aliter quam si Flüglos natura dedisset. Und hieraus wird man schon GOttes Weißheit erkennen, wie er alle seine Wercke nach Zahl, Maß und Gewichte eingerichtet hat, jedoch wird man viel mehrere Ursache haben seine Allmacht zu preisen, wenn man nun ihre Erzeugung vernehmen wird. Bey welcher bald Anfangs zu mercken, daß die Männlein viel kleiner, als die Weiblein seyn, welches alle Zeit die grossen, dicken, fetten Flöhe sind, wegen derer Eyergen, die sie bey sich haben. Was aber ihre Erzeugung anlanget, so wird man bey Betrachtung derselben in die höchste Verwunderung gesetzet, weil alles sehr wunders-würdig, und fast wie bey denen Seiden-Würmern zugehet. Denn man siehet nicht das Männlein auf das Weiblein hüpfen, und auf sie springen, sondern jenes stecket es diesen zwischen denen Hinter-Beinen, und machet mit seinem Hinter-Theile des Leibes, allwo er zu Ende desselben, sein Geburts-Glied, oder Membrum virile hat, dem Weibgen seine Caressen, welches ihn so weit mit seinem hintersten Theile des Leibes in die Höhe zühet, daß er mit seinen hintersten Beinen den Boden des Gefässes, worinne sie betrachtet werden, nicht erreichen kann, da sie denn, als sie bey einander hängen, gantz stille liegen, als wenn sie alle beyde tod wären, wie solches alles *Leeuvvenhoek* l. c. in der 19. Figur vorgestellet, als welcher auch dessen männliches Glied beschrieben, und in der 12. 13. 14. 15. und 16. Figur nebst dem weiblichen ihren vorgestellet. Wenn sie sich nun also mit einander begattet haben, und das Weibgen fruchtbar gemacht ist, so leget sie Eyergen, welche sie bey denen Thieren in die subtilesten Haare legen, bey denen Menschen aber in die Falten derer Hemder oder Hosen-Futter, in das weiche Wesen, welches wie Schabsel aussiehet, oder auf die Stellen, wo sie schlaffen. Denn weil sie länglich-rund und glatt sind, so bleiben sie nicht so leichtlich kleben, und fallen geschwinde auf den Boden, wo sie nicht auf etwas weiches oder haarigtes kommen, daß sie darinne gleichsam können verwickelt werden, und darinnen liegen bleiben, biß sie reif werden, welche, wenn sie es sind, so knacken sie, wenn man sie zerdrücket, welches sonsten nicht geschiehet, wenn sie nicht zeitig sind. Es sind aber länglichte, durchsichtige Cörpergen, die, wenn man sie zudrücket, so geben sie fast ein helles Wasser von sich, welches, wenn man die Eyergen siedet, geliefert aussiehet, wie ein Eyerweiß. Ihre äusserliche Gestallt aber, wie sie durch ein Microscopium aussiehet, hat *Leeuvvenh.* l. c. Fig. 2. 3. vorgestellet. Wenn solche nun von dem Weibgen geleget sind, so hat eben dieser *Leeuvvenh.* angemercket, daß sie, eben wie die Weibgen von denen Seiden-Würmern, sterben. Nach 4. Tagen aber, so es mitten im Sommer ist, kommen weisse, fast wie Perlen-farbige Würmergen hervor, die sich von einer Materie, so in dem wolligten Wesen und zarten Haaren derer Hunde, und des leinen Zeugs generirt, und zu finden ist, ernähren, daß sie innerhalb 11. Tagen sehr zunehmen, und sehr lebhafft und activ sind, sonderlich mit dem hintersten Theile des Leibes, welchen sie bald zusammen zühen, und wie ein Ball zusammen rollen, biß sie wieder frey sind, von dem, was sie berühret hat. Nach etlichen Tagen aber fangen sie an zu kriechen, wie ein Seiden-Wurm, jedoch viel geschwinder, bis sie innerhalb 14. oder 15. Tagen ihre vollkommene Grösse erlanget haben, da sie sich pflegen zu verspinnen, und wickeln sich in die

Runde zusammen, in ein subtiles Häutlein, welches innwendig gantz weiß, wie Papir ist, und so rein, daß man nicht den geringsten Unflath findet. Die Gestallt dieses Wurmes ist durch das blosse Auge gantz klein; wie es aber durch das Vergrösserungs-Glaß aussiehet, hat *Leeuvvenh.* l. c. Fig. 1. dargestellet. Nach Verlauff aber wieder zwey Wochen oder 9. oder 10. Tage so erscheinet der Floh in seiner Vollkommenheit, und hüpfet davon, ohne daß er sein Häutgen, worinne er sich versponnen, zurücke lässet, wie es wohl bey denen Seiden-Würmern geschiehet, und bey anderm Geschmeisse, so sich verspinnet. Der Floh, so lange er noch in seinem Häutgen stecket, ist in denen ersten Tagen weiß, wie Milch, und hat schon seine Beine, wie ihn *Leeuvvenh.* l. c. Fig. 4. vorgestellet, zwey Tage aber zuvor, ehe er gäntzlich heraus kommt, färbet er sich und wird hart und starck, daß er, so bald er seine bißherige Wohnung verlassen, davon springet, und sich eine andere Behausung aussuchet, und auf den Raub gehet, biß er endlich selbst auf mancherley Weise gefangen wird.

Aus: Johann Heinrich Zedler: Grosses Vollständiges Universal-Lexikon. Bd. 9. Halle, Leipzig 1735.

Der Floh – lexikalisch II

Flöhe (Siphonaptera, Aphaniptera, Suctoria), mit etwa 1 100 Arten weltweit verbreitete Ordnung 1–7 mm großer, flügelloser Insekten, davon etwa 80 Arten in M-Europa; Körper seitl. stark zusammengedrückt, braun bis gelbl., mit breit am Thorax ansitzendem Kopf, kurzen Fühlern und reduzierten Augen; Mundteile zu Stechborsten ausgebildet; Hinterbeine lang, dienen als Sprungbeine. – Die fertig ausgebildeten F. (Imagines) sind blutsaugende, teils wirtsspezif., teils wirtswechselnde Schmarotzer bei Vögeln und Säugetieren (einschließl. Mensch). Die ♀♀ legen einige hundert Eier ab, aus denen sich madenförmige, beborstete Larven entwickeln, die nicht schmarotzen, sondern sich von toten organ. Stoffen ernähren. In Gespinstkokons entwickeln sie sich zu fertigen F.n (Entwicklungszeit etwa 3–6 Wochen). Die schlüpfreifen F. bleiben aber weiter in ihren Puppenhüllen; erst Erschütterungen, wie sie durch das Nahen eines Wirtstieres hervorgerufen werden, lösen das Schlüpfen der F. aus. Die Lebensdauer beträgt bis zwei Jahre, Hungerzeiten bis zu einem Jahr können ertragen werden. Die bekanntesten, häufig auch beim Menschen blutsaugenden, z. T. gefährl. Krankheiten (wie ↑Pest oder ↑Fleckfieber durch ↑Rattenflöhe) übertragenden Arten sind ↑Menschenfloh, ↑Hundefloh, ↑Katzenfloh, ↑Hühnerfloh, ↑Sandfloh.

Aus: Meyers Enzyklopädisches Lexikon. Bd. 9. Mannheim, Wien, Zürich 1973. – Mit Genehmigung der Bibliographisches Institut & F. A. Brockhaus AG, Mannheim.

Der Floh – enzyklopädisch

Flöhe, Siphonaptera, Aphaniptera, Suctoria, Insektenordnung mit rd. 1 500 flügellosen, 1–7 mm großen Arten, davon 80 in Mitteleuropa; Körper seitlich stark zusammengedrückt, gelb bis braunschwarz, am Vorderkörper oft mit arttyp. Stachelkämmen, Augen reduziert oder fehlend, Hinterbeine als Sprungbeine ausgebildet. F. sind als Vollkerfe Blutsauger an Warmblütern (Vögel, Säugetiere, Mensch), meist als zeitweilige Außenschmarotzer, nur wenige Arten ständig am Wirtstier festgesogen (z. B. der →Sandfloh). Viele F.-Arten sind auf bestimmte Wirtstierarten spezialisiert. Zu den in Mitteleuropa bekanntesten F. gehören →Hundefloh, →Katzenfloh, →Hühnerfloh und →Menschenfloh, die alle auch an den jeweils anderen Wirtsarten Blut saugen. F. können im Wirtsblut vorhandene Krankheitserreger übertragen, so der trop. Ratten-F. die Pest von Ratten auf den Menschen, wobei ein Stich genügt. Die frei lebenden madenartigen Larven ernähren sich von organ. Abfällen in den Nestern oder Lagerstätten ihrer Wirte, die des Menschen-F. etwa in Dielenritzen.
Kulturgeschichte: Die F. sind durch viele Geschichten, Anekdoten, Lieder, Verse und Rätsel, u. a. von ARISTOPHANES und OVID bis zu E. T. A. HOFFMANN und W. BUSCH, in die Literatur eingegangen. F. (an winzige Gefährte gefesselt, die sie ohne Dressur hinter sich herziehen) werden heute noch im **F.-Zirkus** gezeigt. In den Göttersagen der Kamtschadalen veranlassen F. Erdbeben und das Heulen des Sturmes.

Flohpelzchen, ausgestopfte, an Kopf und Klauen oft mit Gold und Edelsteinen verzierte Zobel, Marder, Iltisse oder

Wiesel, von den Damen im 16. Jh. an Goldkettchen über der Schulter getragen, um darin lästige Insekten zu sammeln. F. fanden sich vereinzelt schon 1467 im Inventar der Herzöge von Burgund.

Aus: Brockhaus Enzyklopädie. Band 7. Mannheim 1988. – Mit Genehmigung der Bibliographisches Institut & F. A. Brockhaus AG, Mannheim.

Ein gefährlicher Feind.

25. Octave Tassaert. Galante Karikatur auf die Flohplage der Frauen.

Der Floh – waidmännisch

Die curiöse Floh-Falle.

Der unermüdete Fleiß der Menschenkinder höret niemals auf etwas neues zu erdenken, täglich höret man von neuen Erfindungen, von neuen Geburthen eines sinnreichen Kopfes, von neuen die Todten wieder aus der Ewigkeit in das irrdische Welt-Getümmel ruffenden Medicamenten eines Podalirii und Machaonis; von neuen Machinen eines unvergleichlichen und künstlichen Archimedis, und was der Dinge sonst noch mehr sind. Vor wenigen Jahren ist auch eine kleine neue Maschine von ihrem Effect, und herrlichen Nutzen, benant die Floh-Falle, durch welche der Tod allen schwarzen Jungfern-Rittern einem sonst von Natur überall freyen Volke, gedrohet wird, ans Tages-Licht kommen, derer Beschreibung und Delineation mit wenigen in diesen Blättern soll dargelegt und gelesen werden.

Diese ist eine kleine clyndrische Machine von weissen (NB. weiß und schwarz sind zwey Farben, die wohl bey einander abstechen) Elfenbein gedrehet, in der Grösse wie sie in beygesetzter Figur abgebildet, voller kleiner runden Löcher, damit die Flöhe durch selbe in die cavität dieses Cylinders zu ihren Verderben und Tod einmarschiren können; in der Mitten dieser machine stehet ein kleiner bistill oder Stiel, welchen man mit frischen noch warmen Blute bestreichet, durch dessen süssen und angenehmen Geruch diese schwarze Vögelgens von weiten herzu gelocket werden, (NB. sistula dulce canit, dulce sapit, volucrem, publicem, dum decipit auceps, publices) so bald sie aber durch diese runde Thürgen eingekrochen, und sich an dem Blut zu divertiren und davon zu schmausen gedenken, bleiben sie daran kleben und sind also gefangen, alsdann kan man den Cylinder, welcher oben eine Schraube hat, aus dem Floh-Büchsgen herausziehen, und sie alle ermorden, ersäuffen, todtstechen, spiessen, köpfen, aufhängen, und in das unterirrdische finstere Reich der Maulwürffe senden.

Einiges Frauenzimmer, so sich derselben schon bedienet, und dieses Büchsgen unter ihren vornehmsten Haußrath zehlet, hat uns referiret, wie es diese Thierlein auf folgende Weise noch besser in das Netz bekommen und fangen könnte, wenn es nemlich den petiolum, statt Bluts, mit einer süssen klebrichten Materie, als etwa das Honig ist, bestriche, und die Falle sodann zwischen die Brüste, oder an einem andern Ort, ou vous scavez, wo sie von solchen incommodiret würden, hängte, da kämen sie nach den süssen Honig stark gesprungen, blieben aber propter viscositatem alle dran kleben, und könten sodann hernach gar leicht von einer hitzigen und blutdürstigen Diana, die zugleich das Amt eines Nachrichters zu versehen hätte, erlegt und auf einem hölzern Teller commode abgeschlachtet werden, wie sie selber dieses schon öffters also probiret und gut befunden hätte.

Es ist diese nutzbare Maschine vor wenigen Jahren erfunden und dem Publico zum besten communiciret worden, den autorem davon wissen wir nicht anzugeben, wiewol wir davor halten, es müsse der inventor eben so ruhmbegierig nicht gewesen seyn, seinen Namen wegen dieser herrlichen invention bey der nachkommenden Welt, welche ihm deßhalb zweiffels ohne die prächtigsten Ehren-Seulen von festen Erz und unvergänglichen Marmor würde aufrichten lassen, in einem immerwährenden Andenken zu verewigen, doch wird kein nasser Schwamm der Zeit capabel seyn seinen ob gleich unbekandten Namen, auszulöschen, denn ein jedes Frauenzimmer wird stets, so offt sie dieses Maschingen in ihre artige Hände nimmt, seiner gedenken, und ihm davor das größte Lob beylegen. Ehe man also von diesen Wildbret-Fallen bey einem autore was gelesen oder aufgezeichnet gefunden, waren sie schon überall bekandt, und kunte man derer gute provision bey allen Galanterie-Krämern vor Geld antreffen. Man findet zwar, daß von einer Maschine, wider diese unnütze dem Frauenvolk zur Plage erschaffener Thiere, Meldung gethan wird in den Schäferischen Gerichts-Process wegen der armen und unschuldigen Flöhe, welches schöne und rare Buch anno 1654. in 4to haraus kommen, wo einer Floh-Falle zwar dem Namen nach gedacht wird, aber ohne weitere Beschreibung und Nachricht des Gebrauchs deßhalb ungewiß, ob es eben unsere Maschine sey, von welcher der Autor Anonymus in selben raren scripto redet, verstehet er aber dieselbe, so hat er übel gethan, daß er sie nicht mehr bekannt gemacht, denn er ja summam inventionis gloriam & immortale æterni nominis decus davon tragen können.

Aus: Franz Ernst Brückmann: Die curieuse Floh-Falle. Nach einer Ausgabe von 1778.

Anmerkung des Herausgebers:

»Die Neu-erfundene Curieuse Floh-Falle, zu gäntzlicher Ausrottung der Flöhe« erschien anonym zuerst im Jahre 1727. Der Verfasser ist Franz Ernst Brückmann (1697–1753). Rasch folgten verschiedene, unterschiedlich vermehrte und veränderte Ausgaben: die erste und zweite Auflage 1727, die dritte und viel vermehrte Auflage 1729, die vierte viel vermehrte Auflage 1739. Unser Text folgt in Auszügen der Ausgabe von 1778.
Die Flohfalle ist jedoch keine ureigene Erfindung Brückmanns gewesen. Sie wurde bereits von dem Naturalien-Sammler Michael Bernhard Valentini in seinem Buch »Museo Museorum oder Schaubuch aller Materialien und Specereyen« (Frankfurt am Main 1714, Band 3, Seite 76) beschrieben. Sie sollte aus einem durchlöcherten, aus Silber gefertigten Röhrchen oder Zylinder bestehen. Inwendig befand sich ein Ring aus Elfenbein, der mit

Honig, Sirup und dergleichen benetzt war, damit die Flöhe klebenblieben, wenn sie sich draufsetzten. Für weniger Begüterte empfahl Valentini dieselbe Vorrichtung aus Holz.

Wie alt diese listige Idee ist, läßt sich allerdings nicht feststellen. Schon Geiler von Kaiserberg, der beredte Straßburger Domprediger, zählte um das Jahr 1500 »floechfallen« zu den unnützen Dingen, die die Kaufleute feilhielten.

Der bekannte Technikhistoriker Franz Maria Feldhaus hat sich mehrfach mit den Flohfallen beschäftigt. In den »Geschichtsblättern für Technik, Industrie und Gewerbe« (1916, Band 3, Seiten 8–9) sowie in dem Privatdruck »Ka-Pi-Fu« (Berlin 1921) macht er darauf aufmerksam, daß im 15. und 16. Jahrhundert in Italien ein kleines Stück Pelz, das »Floh-Pelzlein« – halb Gebrauchsgegenstand, halb Schmuckstück – beliebt und verbreitet war. Man trug es am Handgelenk, an einer Kette am Hals oder an der Schulter, damit die Flöhe sich darin verkrochen. Ein »Haushaltungs-Lexikon« aus dem Jahre 1728 sowie ein »Frauenzimmer-Lexicon« von 1739 belegen den relativ häufigen Gebrauch von Flohfallen. In der dritten Auflage des »Frauenzimmer-Lexicons« aus dem Jahre 1773 ist allerdings die Flohfalle nicht mehr erwähnt. Dennoch war dieses Instrument bis Ende des 18. Jahrhunderts durchaus in Gebrauch. Anton Wallner in Berchtesgaden stellte 1791 neben anderen Drechslerwaren auch »Flohfälle« her (C. M. Plümecke »Reise durch Deutschland« 1793, Band 2, Seite 98 der Beilagen).

Gewöhnlich aber waren »Flöhflecken« in Gebrauch, kleine Lappen aus Flanell oder Baumwolle, die man unter der Kleidung trug und in die sich die Flöhe flüchteten. In Niedersachsen konnte man sie noch Anfang des 20. Jahrhunderts unter dem Namen »Jagdscheine« kaufen.

Von seinen »Flohfallen-Forschungen« berichtete Feldhaus 1921: »Als ich vor einigen Jahren einem befreundeten Museumsbeamten von meinen Flohfallenforschungen erzählt hatte, schickte er mir aus der Sommerfrische im Riesengebirge eine ›Maschine zum Flohfangen‹. Es ist eine kleine, hohle Holzsäule von 10 cm Höhe. Oben sieht man ein Abziehbild mit der Unterschrift ›Brunnen-Straße zu Pyrmont‹. Auf der Rückseite der Säule findet man elf Löcher, gerade so groß, daß ein Floh durchschlüpfen kann. Man verkauft also wohl diese Maschinen als Badeandenken in Pyrmont. Aber ich wollte dessen sicher sein und schrieb an die Badeverwaltung und an einige Galanteriewarenhandlungen der damals noch fürstlichen Haupt- und Badestadt, und zwar je eine Postkarte. Ich stand wenige Tage später morgens als angegrauter Soldat beim Appell und döste. Da rief der Feldwebel, der die Post verteilte, mit lauter Stimme: ›Der Mann soll vortreten, der in Pyrmont die Maschinen zum Flohfangen kaufen will!‹ Brüllendes Gelächter. Ich trete vor. Neues Gelächter. ›Sie scheinen viel freie Zeit zu haben ...‹ Ich war so zerknirscht, daß ich sämtliche Flohforschungen einstellte. So kam es, daß meine Pyrmonter Forschungen jäh stehen blieben.«

Der Floh – friedhöflich

Grabschriften auf Flöhe

Ein schwarzer Rittersmann fiel durch ein weißes Weib,
Indem er ohne Scheu betrat den zarten Leib.
Doch ist sein alter Ruhm nicht ganz und gar verdorben,
Indem er ebenso wie Curtius gestorben.

Christian Hoffmann von Hoffmannswaldau, 1663

Hier liegt ein zartes Thier, das oft die Haut vexierte
Und sich ganz unvermerckt ins Hembde einquartierte;
Es stach und da man sucht, entflog es Mord und Hand.
Drüm wird entflognes Thier mit Recht ein Floch genannt.

Mein Leben war in Angst und größter Hungers-Noth,
Ich hatte mein Logis an einem Bauch genommen.
Doch was mich wohl genehrt, ist mir nicht wohl
bekommen,
Und was das Leben gab, das brachte mir den Todt.

Christoph Weißenborn, 1705

Da du, du kleiner Floh, der Glieder Schnee durchwühlst,
Geschahs, daß du, wer weiß in welche Grube fielst,
So war dein Tod gewiß, doch dies dabei dein Ruhm;
Du kamst wie Curtius, du armes Tierchen, um.

Das Naschen schnitte mir des Lebens Drath entzwey,
Als Phillis mich zerrieb an meinen zarten Lenden.
Ihr Buhler, läugnet nicht, gesteht es mir nur frey,
Wünscht ihr nicht ebenfalls das Leben so zu enden?

Joachim Beccau, 1719

Dem Gatten

Weil er so tief gebissen,
Mit scharfem, spitzem Zahn,
Mit stetem Blutvergießen
Bezeichnet seine Bahn,
So brachten ihn zu Tode
In seines Lebens Mai,
Wie dies ja stets ist Mode,
Der Menschen Finger zwei.

Der Gattin

Die Gattin wollt ihn rächen,
Von Blutdurst angeregt,
Thut jene Finger stechen,
Die ihn ins Grab gelegt;
Doch mußt auch sie verscheiden,
Sie war zu ungeschickt,
Es packten sie die Beiden –
Da war sie auch erdrückt.

Auf einen Floh-Jüngling

Er war so froh,
Der junge Floh.
Er stach schon gut,
Sprang voller Muth,

Er war so keck
Und auch so brav –
Nun ist er weg,
Erdrückt im Schlaf!

Der Floh – juristisch

Göthe's

juristische Abhandlung

über

die Flöhe

(de pulicibus).

Berlin, 1839.

Verlag von Alexander Duncker.

Vorwort.

Es ist nicht unbekannt, daß *Göthe* in den verschiedenen Zeiten seines Aufenthaltes zu *Leipzig, Straßburg* und *Wetzlar* mehrere juristische Abhandlungen[1] schrieb, von denen jedoch keine unter seinem Namen erschienen ist. Dahin gehört auch nachfolgendes, *die rechtlichen Verhältnisse der Flöhe* betreffendes Werkchen, dessen Entstehung wahrscheinlich in die Zeit, wo sich *Göthe* zu Straßburg aufhielt, fällt.
Das Interesse, welches es den Verehrern des Dichters gewähren muß, ihn von einer ganz neuen Seite, der der juristischen Gelehrsamkeit kennen zu lernen, wird noch erhöht werden, wenn man weiß, daß diese Abhandlung (welcher wir, um dieselbe auch für ein größeres Publikum genießbar zu machen, eine deutsche Uebersetzung hinzugefügt haben) eine große literarische Seltenheit ist, sich nur noch auf der großen Königlichen Bibliothek zu Paris befindet, und von Göthe selbst in den letzten Stadien seines Lebens nicht mehr besessen worden sein soll. –
Wir enthalten uns, um dem Leser die Ueberraschung nicht zu rauben, jeder nähern Andeutung über den Inhalt und die Behandlungsweise des Gegenstandes, nur das Versprechen glauben wir geben zu dürfen, daß die Lektüre dieses Büchleins einen neuen Beweis geben wird, wie es unserm großen Dichter auch nicht an ächtem *Humor* und treffendem Witz gefehlt habe, – Eigenschaften, welche er später noch an demselben Stoffe, den unsere Dissertation behandelt, in dem unvergleichlichen *Flohliede* Mephisto's auf das glänzendste bekundet hat.

Berlin im März 1839.

1 Dahin gehört die im Jahre 1770 zu Straßburg verfaßte Abhandlung: *Ueber das Recht der Gesetzgebung, einen gewissen Religionscultus im Staate festzusetzen;* eine Abhandlung, die nach Göthe's eigener Erklärung von der Facultät nicht das Imprimatur erhielt, jedoch von seinem Vater mit solcher Zufriedenheit aufgenommen wurde, daß dieser selbst sie für die Presse zu bearbeiten suchte.

Juristische Abhandlung

über

die rechtlichen Verhältnisse

der gemeinsamen Freunde der Frauen,

das ist

der Flöhe;

in seltene theoretisch=practische Fragen gebracht,

mit

mannichfaltigen Rechtssprüchen verschiedener Gerichtshöfe, unter Beifügung der Zweifels- und Entscheidungsgründe, vervollständigt, durch die schlagendsten Aussprüche der berühmtesten Fakultäten bewiesen und nach rechtlichen und moralischen Grundsätzen an das Licht gestellt.

Für

alle Rechtslehrer, Richter, Sachwalter und sonstige Rechtsbeflissene auf Hochschulen und in der Weiberstube von großem Nutzen und unentbehrlich.

Frankfurt 1768.

Indem ich über etwas ganz Alltägliches, nämlich über *die Flöhe,* jene bekannten Thierchen,

Unseren Rüden selbst ist nicht bekannter die Delische Göttin,

zu schreiben unternehme, will ich, auf daß dies nach Anleitung des römischen Rechtes[1] in einer gewissen Ordnung und auf eine geziemende Weise geschehe, zuvörderst die Bedeutung des Wortes erklären und dann von diesem Bächlein zu dem weiten Meere meines Stoffes segeln. Denn die erste und hauptsächlichste Sorge der Rechtsgelehrten betraf von jeher die Wortbedeutung; und so hat denn auch, nach dem Zeugnisse des Quinctilian und Gellius, jener hochberühmte Rechtsgelehrte, Antistius Labeo, der es so wohl verstand, jedes lateinische Wort auf seine ursprüngliche Beschaffenheit zurückzuführen, vorzugsweise diese Kenntniß zur Entwirrung der meisten Rechtsverwickelungen angewandt.

§. 1. Woher der Name **pulex** *(Floh)* komme?

Zuverlässig herrscht über den wahren Ursprung des Wortes unter den besseren Sprachforschern der größte Streit. Die meisten leiten pulex (Floh) ab von dem Worte *pullus (schwärzlich),* welche Entstehungsweise zuerst *Cälius Calcagninus* annahm, so daß er auch gegen die Meinung aller Kritiker behauptete, man müsse nicht *pulex* sondern *pullex* schreiben. Andere sind der Ansicht, daß *pulex* aus dem Worte *pulvis (Staub)* entstanden sei, weil *Staub* die Nahrung des Flohes sei, oder, was wohl richtiger ist, weil aus Staub der Floh sein Dasein nimmt; denn der Floh ist doch ein größerer Feinschmecker, als daß er mit Staub zufrieden sein sollte, zumal da er seine täglichen Leckereien im jungfräulichen, oder doch mindestens in dem Blute eines Frauenzimmers zu finden gewohnt ist. Meiner Meinung nach

1 Ich verlange hierbei eine um so größere Vollständigkeit, weil der Gegenstand etwas Alltägliches betrifft.

ist *pulex* aus dem Worte *mulier (Frauenzimmer)* entstanden, und zwar auf die Art, daß *mu* verwandelt wird in *pu*, die Sylbe *li* weggeworfen und statt *er* gesetzt wird *lex*, so daß gerade *pulex* herauskommt.

§. 2. Wessen Geschlechtes pulex *(Floh)* sei?

Wenngleich auch alle Sprachlehrer das Wort *pulex (Floh)* als zum *männlichen Geschlechte* gehörig erklären, so daß man *hic (der)* und nicht *haec pulex (die Floh)* sagen müsse; so trage ich doch ganz und gar kein Bedenken, mich jener Meinung entgegen zu erklären, da ja männiglich bekannt ist, daß die Flöhe den Frauen angehören. Dies müssen wenigstens die Sprachlehrer zugestehen, daß die Flöhe *gemeinschaftlichen* Geschlechts sind, da sie durch Mittheilung auch zu den Mannspersonen kommen. Dem sei, wie ihm wolle; ich will geradezu mit dem gemeinen Haufen *der* Floh sagen, damit nicht der Schwarm der Sprachlehrer mit feindlichem Schild und Lanze gegen mich zu Felde ziehe, so wie es dem zu gehen pflegt, der sich bei ihrem Urtheil und ihrem Ansehn nicht beruhigt, ja wohl gar das Grab ihres Vaters Priscian zu verunreinigen wagt.

§. 3. Woher das deutsche Wort *Floh* komme?

Meiner Meinung nach ist dies Wort von der so sehr großen Behendigkeit der Flöhe entstanden. Denn als die Deutschen fanden, daß ein Floh nicht gehe, nicht laufe, sondern vielmehr mit einer bewundernswerthen Schnelligkeit springe, oder im raschen Sprunge seinen Körper fortbewege; da schien er ihnen allerdings würdig, ihn mit dem so herrlichen Namen *Floh* zu bezeichnen. Und gerade ist es dies, worauf der liebliche Dichter des Liedes »von den Flöhen« anspielt, wenn er also singt:

– Und weithin können sie *hüpfen*,
Grad' als wenn von Natur ihnen dazu *Flügel* verliehen;

wobei zu bemerken ist, daß der Dichter ganz richtig und in dem gewöhnlichsten Sinne der besten lateinischen Schriftsteller, das Wort *huppere* für *hüpfen, d. h. auf* und *weiter springen,* das Wort *fleuglos* aber für *Flügel,* das ist: *Schwingen,* gebraucht hat. Der neueste Herausgeber jenes hochberühmten Gedichtes, hat die gewöhnliche Lesart verworfen und für *quam, ac* geschrieben; allein, so eifrig ich auch sonst für die Vertheidigung neu aufgenommener Lesarten stimme, so scheint mir doch hier – und bei dieser Behauptung fürchte ich mich auch nicht im Geringsten vor Priscian – eine Veränderung gar nicht nöthig; vielmehr sind die Worte: *quam si fleuglos natura dedisset* ganz passend. Hierbei will ich indeß beiläufig bemerken, daß die Frauenzimmer, um jene Behendigkeit zu besiegen, sehr kräftige Mittel anwenden, wobei denn ihr ganzer Scharfsinn in ihren Fingern zu liegen scheint. Und hieraus haben nun die Gelehrten den Schluß gezogen, daß derjenige, welcher nicht in der größten Geschwindigkeit einen Floh fangen kann, nach menschlichen und rechtlichen Begriffen kein Frauenzimmer, sondern eine Mannsperson sei.

§. 4. Die Flöhe, in civilrechtlicher Hinsicht.

Diese kurzen Bemerke über die Wortbedeutung mögen genügen;

Jetzt mit unseren Rossen befahren ein größeres Feld wir,

indem wir nun auf die Sache selbst kommen. Und da stoßen wir gleich anfangs auf die schwierige und in philosophischen Streitschulen nicht ungewöhnliche Frage: *ob ein Floh den römischen Civilgesetzen unterworfen sei, oder nicht?* Beim ersten Anblick scheint dies verneint werden zu müssen, da durch keinen Senatsbeschluß der *Freistaat der Flöhe* sich jenem Rechte unterworfen hat[1]. Und doch sind an

1 *Das Römische Recht gilt heut zu Tage nicht, wo es bloß öffentlich bekannt gemacht, sondern, wo es förmlich angenommen ist.*

den Orten, deren *Oberhaupt* das römische Recht angenommen hat, allerdings die Flöhe nach diesem zu beurtheilen. Denn zuvörderst muß doch jedes Thier von dem Willen seines Herrn abhängig sein. Was dann aber zunächst den Gerichtsstand und das Recht des Flohes anbetrifft, so muß er hinsichtlich beider sich nach dem Menschen richten, weil immer die Nebensache der Hauptsache folgt und der Floh an sich doch nur ein Nebentheil des Menschen ist. Hierzu kommt noch endlich, als gewichtiger Grund für unsere Behauptung, die gesetzliche Bestimmung: daß, wenn in einem Kampfe zwischen einem Widder und einem Stier ein Theil umgekommen ist, diesem, wenn er der angreifende war, keine Klage zustehen soll, da der andere gereizt, nur gleichsam im Stande der Nothwehr Schaden angerichtet hat, dahingegen aber soll der Theil, welcher den Kampf nicht herbeigeführt hat, wenn er darin umgekommen, oder verwundet ist, zur Klage berechtigt sein. Hieraus ergiebt sich zur Genüge, daß die Thiere im Allgemeinen, und die Flöhe insbesondere nach den gemeinrechtlichen Bestimmungen der Menschen beurtheilt werden. Und hierdurch wird nun von selbst klar, daß ein *vasallitischer* Floh, das ist: ein solcher, der den Körper eines Vasallen zu seinem Aufenthalt gewählt hat, den Feudalgesetzen unterworfen, gleichwie ein *Mönchsfloh* dem canonischen Rechte unterlegen ist.

§. 5. Fortsetzung; wobei der Hoflaus Erwähnung geschieht.

Nun wird man auch begreifen, daß die Mönchsflöhe in peinlichen Sachen nicht geradezu vor ein geistliches Gericht gezogen werden können, wenn man daran denkt, daß die Geistlichen nach Verschiedenheit der verwirkten Strafen oft nur einem weltlichen Gerichte unter worfen sind. Der Floh einer Jungfrau oder einer Wittwe erfreut sich zweifelsohne des Gerichtsstandes der nothständigen

Personen, da dieser ein privilegirter ist und an demselben auch die Hausleute eines Privilegirten Theil haben, wie dies *Bonacossus* und *Limnäus* hinsichtlich der Hausleute der Gesandten und Studenten darthun. Was für eine Bewandniß es mit dem Gerichtsstande des Flohes einer Kaiserin oder Königin habe, findet man in jener berühmten Stelle des römischen Rechtes, welche *Struv* so schön erklärt hat. Indem ich aber des kaiserlichen und königlichen Flohes erwähne, fällt mir *Owens* Epigramm auf die *Hoflaus* ein, also lautend:

Zärtlicher Schmeichler, so läuft am ganzen Hofe umher er,
Sucht vor allen des Fürsten und seiner Edlen Gemach.
Garstiges Thier, deß Name entstanden von Lausen, du quälst nun
Unseren Körper gar sehr, dabei vorzüglich den Kopf.

§. 6. Ueber adelige und bürgerliche Flöhe.

Daß der Floh einer adeligen Dame auch dem vornehmen Stande angehöre, darüber kann gar kein Zweifel obwalten. Denn gleichwie adelige Damen den Bürgerfrauen im Range weit voranstehen, also gebührt auch ihren Flöhen eine größere Achtung, welche billig den Flöhen der bürgerlichen Frauen verweigert wird. Die Nebensache folgt der Hauptsache; es ist deßhalb der Floh einer adeligen Dame auch wirklich selbst *adelig*, und genießt um deßwillen der Privilegien, Vorrechte und Freiheiten des Adels. Eben so ausgemacht ist es aber, daß der Floh eines Bürgermädchens auch zu der *gemeinen* Klasse gehöre, woraus es sich denn leicht erklärt, daß er mit Recht ein *Plebejer* heißt und ihm deßhalb auch die besonderen Rechte des Adels nicht zugesprochen werden dürfen. Es fragt sich nun, *ob ein bürgerlicher Floh sich durch Heirath oder gemeinsames Zusammenleben mit einem Senatorsfloh verbinden könne?* Nach älterem Rechte muß dies verneint werden; aber das neuere Recht hebt das alte mit Schaale und Trumm auf. Und hieraus folgt denn: daß wir uns nicht ferner von der

Frage abängstigen lassen dürfen, ob auch *der* Floh ein senatorischer genannt werden dürfe, der schon vor Erlangung der Senatorwürde da war; zumal da man dies auch schon in altvorderer Zeit mit Für und Gegen besprochen hat.

§. 7. Ueber die Flöhe einer Kircheverstoßenen.

Gewiß weit wichtiger ist die Frage: *Ob der Floh eines kirchlich verstoßenen Frauenzimmers gleichfalls für der kirchlichen Gemeinschaft verwiesen anzusehen sei?* Nach dem Inhalte der Constitution, wonach Diener, Mägde und andere Hausleute, welche irgend sonstige Gemeinschaft mit dem kirchlich verstoßenen Herrn haben, der Gefahr des Kirchenbannes nicht ausgesetzt sind, kann dies mit Fug und Recht verneint werden.

§. 8. Ob der Herr auch die Flöhe seiner Magd zu eigen bekömmt? Ueber das Nießbrauchrecht.

Daß eine Sclavinn, oder, was dasselbe ist, eine Magd, alles, was sie erwirbt, ihrem Herrn erwerbe, ist rechtlich ganz bekannt und es hieße nur der Sonne Strahlen leihen, wollte ich hierfür rechtliche Beispiele anführen. Es fragt sich daher: *Ob der Herr auch die Flöhe zu eigen bekomme?* Wir bejahen dies, der Floh mag nun ein *zugelaufener* sein, oder bei der Magd selbst seinen Ursprung erhalten haben, für welchen Fall wir ihn ein *Hauskind* nennen möchten; letzterer namentlich gehört dem Herrn gleichsam als Leibesfrucht der Magd. Der Grund hiervon ist, weil alle Thiere, welche ein Sclav erwirbt, auch sogleich im Augenblicke der Erwerbung mit Rücksicht auf Eigenthum und Besitz dem Herrn gehören. Ueberdieß ist auch alles, was auf meinem Grund und Boden entsteht, mein eigen.
Wenn nun aber Jemand Nießbraucher einer Magd ist: dann gehören ihm auch die Flöhe nicht; und zwar die

zugelaufenen deßhalb nicht, weil dieselben von der Magd nicht auf Veranlassung des Nießbrauchers oder der für ihn zu leistenden Dienste erworben sind, sondern sie dieselben gleichsam nur geschenksweise erhalten hat; auch nicht die *Hauskinder*, da Justinian ganz klar verordnet hat, daß die Leibesfrucht einer Magd nicht zum Nießbrauch gehöre.

§. 9. Wenn Ehegatten in Gütergemeinschaft leben. Bemerkung.

Eine ähnliche und fast ganz gleiche Frage ist: *Ob bei der heutiges Tages bestehenden Gütergemeinschaft unter Eheleuten, diese sich auch auf die Flöhe der Ehefrau erstrecke, so daß auch sie zu dem Erwerbe zuzurechnen seien?* Meines Erachtens muß dies zugestanden werden hinsichtlich der Flöhe, zu deren Besitz die Frau während der Ehe gelangt ist; hinsichtlich derjenigen aber, welche sie mit eingebracht hat, so sind diese, nach ganz bekannten Gesetzen, als Spillgüter anzusehen. Wollte hierbei Jemand zu mir mit *Seneca* sprechen: *Was quälst und peinigst du dich mit Fragen, bei denen es weit klüger ist, sie mit Stillschweigen übergangen, als ihre Lösung glücklich gefunden zu haben*; so entgegne ich: diese dem 8. und 9. Paragraphen überstellten Fragen sind von wesentlichem Nutzen für Utopien, wo ein *Floh* ein so seltener Vogel ist, daß er gleichsam wie ein afrikanisches Wunderthier nur für Geld gezeigt wird. Auch für Deutschland können sie nöthig sein, vorzugsweise für Nürnberg, wo man an Kettchen gelegte Flöhe zu Kauf hält; und hieraus entsteht doch allerdings ein Erwerb unter Eheleuten.

§. 10. Ueber Sicherstellung vor Beschädigung.

Gleichwie wir von demjenigen, der uns nachtheilig zu werden droht, uns wegen des zu befürchtenden Schadens sicher stellen lassen; in gleicher Weise sind hierunter auch die Flöhe begriffen, so daß die Verredung gebrochen ist, sobald Jemand unsern Floh wider unsern Willen getödtet hat. Denn unter einer solchen Sicherstellung sind auch die Familienglieder und Hausleute des Herrn mitverstanden, da sie einen Theil seines Körpers ausmachen. Auf diese Weise hat die berühmte Juristenfakultät auf der Universität zu Catania einen Fall wegen verletzter Sicherstellung entschieden.

§. 11. Klage wegen zugefügter Beleidigung.

Ich erinnere mich, daß wirklich einmal die Frage aufgeworfen wurde, ob derjenige, welcher ein Mädchen einen *Flohsack*, ein *Flohmagazin*, einen *Flohpelz* und so weiter heißt, eine Beleidigung begangen habe. Und da hatte man denn angenommen, daß ein solcher der zugefügten Beleidigung eben so gut überführt sei, als derjenige, welcher einem Andern ein Leibesgebrechen vorwirft und zum Beispiel zu ihm sagt: *Hinkebein, Glatzkopf!* Da man indeß bei der Entscheidung nur sicher geht, wenn man unterscheidet, so muß man auch untersuchen, ob jene Worte nicht etwa in Scherz gesprochen sind, und in diesem Falle kann von einer Beleidigung nicht die Rede sein, noch findet wegen derselben eine Klage statt; oder aber, ob die Absicht zu beleidigen da war, und dies kann aus den Umständen hervorgehen, wie z. B. wenn derjenige, welcher einem Mädchen ihre Unzahl von Flöhen vorwarf, sich im Zustande des Zornes befand. Ungeachtet nun aber auch die Absicht zu beleidigen nachgewiesen werden sollte, so dürfte doch immer der Beleidiger, wenn er die Wahrheit in der Beleidigung nachweis't, gelinder zu bestrafen sein.

§. 12. Eine flohfangende Magd.

Titius hatte ein, von Gestalt und Gesicht gleich schönes Mädchen gegen einen jährlichen Lohn in seine Dienste als Köchin genommen. Nun sah Titius, wie dieselbe täglich Flöhe von ungewöhnlicher Größe, die sich bei ihr in ungemessener Zahl aufhielten, geradezu in der Küche fing und dieselben während ihrer Dienstverrichtungen, wo sie Geschirr und Speisen anrichtete, mit den Nägeln todt knickte; und wollte, da ihm dies doch zu ecklig war, sie deßhalb, ihres Widerspruchs ungeachtet, noch vor Beendigung ihrer Miethszeit entlassen. Es wurde deßhalb die Frage aufgeworfen: *Ob man nicht ein Dienerin, oder Magd deßwegen, weil sie bisweilen Flöhe fange, ihres Dienstes entlassen könne?* Alle billigen Beurtheiler werden dem Mädchen das Recht der Selbstvertheidigung gegen die bösen Flöhe, die mit ihrem Stachel auf den zarten Gliedern umherjagen, nicht absprechen. Ueberdies aber ist auch das Geschäft des Flohfangens den Weibern angeboren und somit, gleich andern, wohl weniger unangenehmen Dingen, die sie auch mit auf die Welt gebracht haben, dies ihnen weiter nicht nachzutragen. Hierzu kommt noch, daß eine Magd, wenn sie krank wird, nicht aus dem Hause gejagt werden kann, und das Flohfangen eine gleichsam von der Natur selbst vorgeschriebene Krankheit ist. Durch solche sehr scharfsinnigen und gewichtigen Gründe, die in jeder Hinsicht der Billigkeit und den Gesetzen entsprechen, geleitet, entschied in aller Form Rechtens der höchste Gerichtshof der Provinz, vor welchem der Rechtsfall verhandelt war: *Daß Titius seine Köchin, wenn sie bisweilen Flöhe fange, weder aus dem Dienste entlassen, noch ihr den jährlichen Lohn verkürzen könne.* Die höchst merkwürdige Sentenz lautete: *Auf übergebene Appellation, deren Rechtfertigung u. s. w. erkennen Wir u. s. w. unter Zurücklegung der, vor dem ersten Richter passirten und in drei Bänden unter den Buchstaben A. B. und C. uns zugefertigten Vorakten, nach gehöriger Erwägung und Berathung hiemittelst für Recht, daß die erhobene Appellation, was die Förmlichkeiten anbetrifft, zu Recht beständig und zur gebührenden Rechtfertigung anhero erwachsen; anlangend dargegen die Sache selbst, wohl gesprochen und übel appelliret, derowegen das erste Erkenntniß, wie deßmittelst geschiehet, dahin zu bestätigen, daß appellantischer Titius, Einwendens ungehindert, die Anna Barbara, Klägerinn, jetzt Appellatinn, vor erweislich gänzlich beendigter Dienstzeit aus seinem Hause zu entfernen, nicht befugt, vielmehr solche annoch elf Monate auch drei Tage vom heutigen Tage ab im Dienste zu behalten, weniger nicht derselben ein jährliches Dienstlohn, wie solches in dem am 15. April 1733 vor Notar und Zeugen errichteten Dienstbotencontracte verbriefet worden, baar und unverkürzt auszukehren schuldig und gehalten ist; die Kosten jedoch compensirt werden. Von Rechtswegen.* Wir übergehen, um nicht die uns gesteckten Grenzen unsers Werkchens zu überschreiten, die sehr gelehrten *Zweifels-* und *Entscheidungsgründe,* welche über die Rechte und Pflichten der Flöhe so herrliche Erläuterungen geben, und wollen nur noch erwähnen, daß als Grund zur Kostencompensation angeführt ist: *Dieweil die Sache rechtlicher Erörterung bedurft.* Gerade diesen Kompensationsgrund findet man nur zu oft in den Erkenntnissen und es ist auch nicht in Abrede zu stellen, daß er, ein treuer Diener der Bequemlichkeit und Unwissenheit, allen übrigen die Palme entreißt. Und dadurch sind nun etliche naseweise Spötter, die sich weit scharfsinniger dünken, als die vielen Sentenzenmacher, auf das alberne Geschwätz gekommen, daß jener ein lächerlicher Grund sei. Indeß dieß zu widerlegen, ist wahrlich nicht der Mühe werth, da ja doch jeder Rechtsstreit, wenn er nicht von vorne herein von dem Richter zurückgewiesen wird, von Gerichtswegen untersucht werden muß.

§. 13. Eine auf Flöhe unachtsame Magd.

Wenn eine Hausfrau ihre Magd herbeiruft, um einen auf ihrem Nacken oder ihrem Rücken sitzenden Floh zu fangen, und diese denselben entwischen läßt, so ist eine Ohrfeige die gerechte Strafe, weil einer Hausfrau gegen ihre Magd wegen Nachlässigkeit im Dienste ein gelindes Züchtigungsrecht zusteht. Ein grobes, fast der Absicht gleich zu setzendes Versehen läßt sich aber die Magd in ihrem Flohjägergeschäfte zu Schulden kommen, wenn sie dabei nicht allen den Fleiß anwendet, den die zu diesem Geschäfte bestimmten Leute anwenden können; ja sogar Unbeholfenheit, zumal eine so große, muß auf Rechnung der Nachlässigkeit kommen.

§. 14. Ein schwangerer Floh.

Sempronia fing einen augenscheinlich schwangeren Floh. Kann das Thierchen mit einer Leibesstrafe belegt werden? Ich sage nein! und noch einmal nein! weil die Strafabbüßung der Mutter nicht der Leibesfrucht nachtheilig fallen darf. Ja man darf einen solchen Floh nicht einmal aus dem Fenster werfen, am allerwenigsten aber zur Winterszeit.

§. 15. Wie dann, wenn ein Floh die Stadtmauern überspringt.

Es ist bei Einigen ein Zweifel darüber entstanden, ob nicht ein Floh, wenn er die Stadtmauern überspringt, am Leben gestraft werden müsse. Ich stimme damit ganz überein, weil, wo das Gesetz nicht unterscheidet, auch wir keinen Unterschied machen dürfen. Und die Gesetze bestimmen überhaupt für dieses Verbrechen die Todesstrafe; ja Romulus erschlug auch aus dieser Ursach, nach den klaren Zeugnissen des *Livius* und *Florus*, seinen Bruder Remus. Indeß dürfte es sehr schwierig sein, den Beweis für das Vorhandensein eines solchen Verbrechens zu führen, da nach der gewöhnlichen Ansicht der Rechtslehrer zu einem beweisenden Zeugnisse in diesem peinlichen Rechtsfalle, zehn Greise mit Lupen und drei Optiker mit Mikroskopen nöthig sind, und es überdieß heller Mittag sein muß.

§. 16. Etwas über Kopfsteuer und Geleitsgeld.

Es ist etwas nicht Ungewöhnliches, daß auf Menschen sowohl, als auch auf Vieh eine Kopfsteuer gelegt wird. Es könnte nun zweifelhaft sein, ob, wenn die Kopfsteuer (und dies gilt auch von dem Geleitsgelde) von allem Vieh gefordert wird, nicht auch darunter die Flöhe mit begriffen seien. Und hierbei zeigt sich Ödipus wieder als ein hellerer Kopf, als Davus, wenn er bei Lösung der Frage seine Bilder umherträgt und dabei für die entgegengesetzte Ansicht, wie für Haus und Hof, ficht; und so glaube auch ich, daß Niemand, er sei denn stumpferen Geistes, denn eine Mörserkeule, oder er habe das allernüchternste Urtheil, noch auf feindlicher Seite stehen wird. Denn einmal liegt jenes augenscheinlich nicht in der Absicht des die Kopfsteuer oder das Geleitsgeld anordnenden Staatsoberhauptes. Dann auch ferner müßten wohl gar die Frauenzimmer, wenn sie zahlungsunfähig befunden würden, ihre Mitgift hergeben, da es im Gegentheil doch nur im Interesse des Staates liegt, daß dieselbe nicht verkürzt wird. Und wie möchte endlich ein Steuerpächter im Stande sein, alle Flöhe zu zählen? Sicher wäre dies ein weit schwierigeres Unternehmen, als selbst die Zahl der Sterne am Himmel zu finden; ja, um mit Cicero zu reden, es würde noch um vieles leichter sein, des Archimedes Aufgabe der Sandrechnung aus Staubkörnchen zu lösen, oder den Teucer, die Tragödie des Pakuvius, auswendig zu lernen. Denn die große Zahl der Flöhe ist nur Gott bekannt, der, wie die heilige Schrift sagt, selbst das Kleinste kennt und für dasselbe sorgt, der die jungen Raben speiset, ohne dessen Willen nicht der kleinste Sperling vom Dache fällt und der die Haare auf unserm Haupte gezählt hat. Wie sollte er nicht die Zahl der Flöhe kennen, die auf unserm Erdboden leben!

Nach diesem Allen können daher die Flöhe der Kopfsteuer nicht mit unterworfen sein, und dies um so weniger, weil wegen der möglichen, verschiedenen Betrügereien der Kopfsteuer-Einnehmer, hier in Bausch und Bogen nicht verfahren werden kann.

§. 17. Ein ganz unbedeutender Zweifel hinsichtlich einer Wäscherin.

Sempronia hatte ihren Unterrock einer Waschfrau zum Waschen gegeben und fand, als sie ihn zurückerhielt, noch Spuren von Flohdreck in demselben vor. Mit Recht verweigerte Sempronia deßhalb die Bezahlung, da die Wäscherin, welche gleich jedem Künstler für das geringste Versehen haften müsse, dem Verdingungsvertrage nicht entsprochen habe. Allein, gesetzt Sempronia wäre mit Scorbut behaftet gewesen; dann hätte sie auch, zumal wenn wir die Sache mehr mit der Waage der Billigkeit, als des strengen Rechtes abwägen, der Wäscherin, die zur Leistung des Unmöglichen nicht verpflichtet werden konnte, Zahlung leisten müssen. Denn es ist bekannt, daß die Flöhe der mit jener beklagenswerthen Krankheit behafteten Frauen, ihren Leibesabgang so dicht an einander häufen, daß eine Waschfrau ihn nur mit genauer Noth, und das nicht immer, mit Seife und Wasser abwaschen und abspülen kann.

§. 18. Wenn Kleider, in welchen sich Flöhe aufhalten, zur Verwahrung übergeben, oder geliehen werden.

Ein sehr schönes Mädchen, das noch nicht verheirathet war, und deßhalb ihr Bett noch mit Niemand theilte, hatte, ich weiß nicht aus welchem Grunde, ihre Kleider in dem Studirzimmer des Cajus, eines der heiligen Gottesgelahrtheit beflissenen Musensohnes, *verwahrlich niedergelegt*, und da in jenen so viel Flöhe waren, als Sylben in Calepin, so war davon auch bald das ganze Zimmer voll. Deßhalb entstand die Frage: *Ob die Jungfrau aus dem Verwahrungsvertrage verpflichtet sei?* Der entscheidende Richter in der Sache war Se. Magnifizenz, der Rector der Universität, und als nun hin und wider gestritten war, fiel endlich, nach

richterlichem Ausspruch, der Sieg auf die Seite des Cajus, weil der Verwahrungsgeber, wenn er wissentlich oder auch selbst unwissentlich eine schädliche Sache niedergelegt hat, dem Verwahrungsnehmer auch für den aus der Verwahrung der Sache entstandenen Schaden aufkommen muß.
Wie es sich aber damit verhält, wenn man Kleider, in welchen sich Flöhe aufhalten, *geliehen hat,* darüber spricht *§. 6 des 63. Gesetzes über den Diebstahl und §. 3. des 18. Gesetzes der Pandecten über den Leihvertrag,* wobei jedoch die Rechtslehrer darüber uneins sind, ob hier ein grobes Versehen der Absicht gleich gesetzt wird, welche Ansicht *Struv*[1] gegen seinen Lehrer *Hahn* vertheidigt hat. Ich für mein Theil überlasse gern einem Jeden die Früchte seiner Meinung und folge, wie dies einst der Kaiser Claudius that, nur demjenigen, der die Wahrheit lehrt.

§. 19. Wenn ein Haus durch Flöhe verunreinigt ist.

Man hat bisweilen die Frage aufgeworfen, ob es dem Miether frei stehe, seine Miethswohnung wegen zu vieler Flöhe zu verlassen? Wir nehmen die bejahende Ansicht in Schutz und berufen uns dabei auf die Gesetze, aber auch nur dann, wenn so viel Flöhe da sind, daß der Miether *sich vor ihnen weder helfen noch rathen kann*[2]. Es ist rechtlich ganz bekannt, daß dies auch bei Häusern gilt, die wegen Wanzen fast ganz oder zum Theil unbewohnbar sind. Wie das? fragst du: weil die Gesetze mit klaren Worten verordnen, daß man ein Grundstück wegen feindlicher Einfälle, oder wegen böslicher Nachstellungen von Freibeutern und Räubern verlassen dürfe. Und nun nenne mir *den* Feind, der wohl wilder, grausamer und blutrünstiger wäre

1 Er widerspricht sich jedoch im 39. Satze ders. Abhandlung.
2 *Servius sagt: Der Hauseigner müsse dem Miethsmann in allem kräftig beistehen, wo dieser sich selbst nicht helfen noch rathen könne.*

als ein Floh! Höre doch einmal den Siegesgesang auf die Flöhe, mit welchem mein aller schönen Wissenschaften kundiges Schwesterchen, der Juno gleich, singend hervorgetreten ist:

– – Lange mit diesem Geschlechte
Kriege schon führ' ich.

Jedoch können unsere Bemerkungen da nicht Platz greifen, wo sich durch garstige und schmuzige Unreinlichkeit des Miethers selbst die Zahl der Thierchen so ungeheuer vermehrt hat; vielmehr muß dann der Miether nicht nur vor seinem Abzuge den Miethszins bezahlen, sondern er kann auch gezwungen werden, noch vor beendigter Miethszeit die Wohnung zu räumen. Auch dann findet kein Erlaß des Miethszinses statt, wenn in feindseliger Absicht gegen den Mitbewohner durch magische Zauberkünste eine Masse Flöhe in das Haus gebannt ist; jedoch nur dann, wenn der Miether die Veranlassung zur Feindschaft war; wiewohl Einige diese Nebenbedingung nicht für wesentlich halten. Anders aber verhält es sich, wenn eine Zauberin dergleichen aus gehässigen und feindseligen Gesinnungen gegen den Hauseigenthümer ausgeführt hat; in diesem Falle darf der Miether nicht bloß die Wohnung räumen, sondern er hat auch noch, wenn sich die gehässigen und feindseligen Gesinnungen rechtfertigen lassen, eine Klage auf Schadenersatz. Gesetzt aber, der Miether habe selbst den Zufall zu tragen übernommen, und es sei ohne schuldbare Veranlassung, weder des einen, noch des andern der beiden Vertragenden, durch Zauberkünste eine ungeheure Masse Flöhe in das Haus gebracht: dann muß auch der Miether einen solchen Zufall, als ungewöhnlichen und nicht bedachten allein, tragen.

Ich darf hoffen, daß dies Capitelchen in meiner Abhandlung auch von denen nicht übel aufgenommen werden wird, welche jene Teufelskünste für gänzlich erdichtet und aus der Luft gegriffen erklären. Denn die so sprechen, reden wahrlich nur geradezu in den Tag hinein. Sie mögen *Carpzov*, den vornehmsten aller Philosophen und Rechtsgelehrten fragen, der hat aus mehreren Stellen der heiligen Schrift bewiesen:

1. Daß *es wirklich* Zauberinnen, Hexen, kluge Frauen und Wahrsagerinnen *gäbe*;
2. Daß es auch, mit *Gottes Zulassung*, in ihrer Macht stehe, *Flöhe zu schaffen*.

§. 20. Ein merkwürdiger Rechtsfall.

Der Frühling war gekommen und die goldene Sonne hatte den trüben Winter unter die Erde zurückgetrieben; schon begannen die Vögel ihr Lied zu trillern und die heimkehrenden Schwalben ihre Nester zu bauen; als eine Schaar von Jünglingen und Jungfrauen einen Garten durchzog, an welchem ein Fluß vorbeifloß. Am Ufer desselben schlenderte Helena mit Titius und fand eine Angelruthe. Da kam das Mädchen, während sie die Angel in das Wasser warf, mit Titius dahin überein, daß sie ihm Alles, was sie finge, zum Geschenk machen würde. In dieser Zeit, wo sie Fische fangen wollte, fing sie *einen Floh*, von dem sie eben gepeinigt wurde, und nun entstand die Frage: *ob auch dieser, nach der getroffenen Uebereinkunft dem Titius zukomme?* Der Schein war dafür; denn der nicht zu feurige Liebhaber hatte sich von dem Mädchen Alles versprechen lassen, was sie fangen würde, und wer das Wort *Alles* gebraucht, der schließt auch nichts davon aus. Indeß wurde doch, nachdem der richterliche Schicksalstopf geschüttelt war, durch Mehrheit der Stimmen der Fang dem Mädchen zugesprochen; und zwar, weil nach der Absicht der Vertragenden nur das zum Vertrage gehörte, was an Fischen *im Wasser* gefangen würde. Wie aber dann, wenn die Fischerin einen goldenen Dreifuß herausgezogen hätte, wie es, nach dem Zeugniß des *Diogenes Laertius*, Milesischen Fischern erging, welche ihren Fischfang Ionischen Jünglingen verkauft hatten. Gewiß würde ich mich dabei mit dem delphischen Orakel nicht einverstanden erklären, indem ich denselben weder dem Thales, noch den Göttern zuspräche, sondern allein nur dem Mädchen und zwar aus dem angeführten Grunde, nämlich der Absicht der beiden vertragenden Personen gemäß; und würde mir statt der Gebühren nur einen Liebesdienst, ich meine: ein *Küßchen* erbitten; zumal da nach der Ansicht der berühmtesten Rechtslehrer die Jungfrauen zu den nothständigen Personen gehören, von denen zu hohe Gebühren zu fordern unchristlich ist. So denke ich bei jedem kritischen Falle; denn ich gebe gern Küsse und hauche und drücke sie gern auf die rosigen Lippen einer Jungfrau. Was ginge auch wohl über einen wollüstigen Kuß!

§. 21. Eine sehr spitzfindige Frage.

Wir kommen nun auf eine andere und zwar sehr spitzfindige Frage, welche weit schwieriger ist, als man beim ersten Anblick glauben möchte; nämlich: *ob ein Floh zu den beweglichen, oder unbeweglichen Sachen gehöre?* Denn wenn gleich die Antwort ganz nahe liegt, daß ein Floh doch wohl zu den sich selbst fortbewegenden Sachen gehöre, so ist dies doch, so gerade hin gesagt, mit den Gesetzen nicht ganz übereinstimmend. Denn nehmen wir den Fall, daß sich Flöhe in dem Bette eines Gasthauses aufhalten, so sind nach meiner Ansicht, da das Bett nach der Meinung einiger, zwar in Widerspruch mit *Carpzov* stehender, jedoch ganz und gar nicht auf der letzten Bank sitzender Rechtslehrer, zu den unbeweglichen Sachen gehört, auch die Flöhe, als Nebensache des Bettes, den unbeweglichen Sachen beizuzählen. Die Nebensache aber folgt der Hauptsache und was bei dem Ganzen Rechtens ist, ist es auch für jeden einzelnen Theil desselben. Hierher gehört auch noch die Regel, daß die hangenden Früchte einen Theil des Grundstückes ausmachen.

§. 22. Wenn ein Floh zu einem Andern überspringt.

Denken wir uns den Fall, daß ein Mann an der Seite seiner Frau schlafe und ein Floh von der Frau zu dem Manne hinüberspringe: *Hört er nun mit diesem Augenblicke auf, Eigenthum der Frau zu sein?* Darauf antworte ich, daß die Entscheidung dieses Falles nur von einer genauen Unterscheidung der Fragen abhängt: ob die Flöhe geradehin zu den *wilden* Thieren, als da sind Bären und Wölfe, oder zu den *zahmen,* wie z. B. Hühner und Gänse, oder zu den *zahmgemachten,* wie die Tauben, zu zählen sind? Wenn ich darüber entscheiden soll, so gehören die Flöhe im Sinne der Gesetze zu den zahmen Thieren und verbleiben, wo sie sich auch aufhalten mögen, Eigenthum der Frau, selbst wenn sie von ihr nicht mehr gesehen werden sollten, der Ehemann aber kann, wenn er sie in gewinnsüchtiger Absicht an sich behält, durch eine directe Klage zur Wiederherausgabe gezwungen werden. Sollte jedoch der entsprungene Floh längere Zeit hindurch bei dem Manne zurückbleiben, und bei ihm viel blutige Nahrung suchen, so wird es keinem Bedenken unterliegen, wenn wir ihn auch dem Manne als Eigenthum zusprechen. Und hiermit stimmt auch das römische Recht überein; denn nach diesem wächst der Theil meines Grundstückes dem Deinigen zu, der durch den Strom losgerissen, an dasselbe angetrieben und mit ihm geraume Zeit hindurch verbunden gewesen ist; unbedenklich aber dann, wenn die Bäume auf dem abgerissenen Stücke in deinem Grund und Boden Wurzel geschlagen und aus demselben ihre Nahrung gezogen haben.

§. 23. Eine zwar etwas Ekel erregende, jedoch wichtige Frage.

Auch die, einst unter den Tischgenossen eines ausgezeichneten Rechtsgelehrten, (aus Achtung verschweige ich seinen Namen) angeregte Frage schlägt in unser Feld: *Ob Stu-*

denten, die sich ihren Mittagstisch auf ein Jahr lang vertragsmäßig ausbedungen haben, von dem Vertrage wieder abgehen können, wenn sie in einem Fleischkloße oder in der Suppe einen Floh finden? Eine schmuzige Wirthschaft der Art in einem Gasthause wird wohl Niemand dulden und deßhalb will ich herzlich gern zugeben, daß die Studenten nicht nur sofort den Tisch verlassen, sondern auch noch den Gastwirth wegen Schadenersatz belangen können. Denn er hat dem Vertrage, den Anforderungen der Billigkeit gemäß, keineswegs Genüge geleistet, und er hat als Hausherr die Verpflichtung für das Versehen, welches seine Mägde oder seine Frau in den ihnen übertragenen Dienstverrichtungen begehen, einzustehen.

§. 24. Eine andere, das Gefühl weniger verletzende Frage.

Wenn ich dir alle meine Kleidungsstücke als Legat vermacht habe, *sind darunter auch die in denselben befindlichen Flöhe mit begriffen?* Zuverlässig muß dies bejahet werden, da der Zuwachs auch der legirten Sache zufällt. Ja noch überdies kommen dem Legatnehmer, wenn ihm Kleidungsstücke vermacht sind, nicht nur die *lebenden Flöhe,* sondern auch die *Felle der todten* zu, da unter der Bezeichnung *Kleid* auch die Felle der Thiere verstanden werden. Es handelt sich auch hier nicht um *Ziegenwolle,* sondern um *Flohfelle.*

§. 25. Was wegen der Wirthshausflöhe Rechtens sei?

Es kommt nicht selten der Fall vor, daß die in ein Wirthshaus Einkehrenden von Flöhen, Staarhaufen gleich, überfallen und so gepeinigt werden, daß sie, selbst wenn sie von der Reise noch so sehr ermüdet sind, nicht einschlafen können. Da könnte nun – zumal von einem streitsüchtigen Sachwalter – die Frage angeregt werden: *Ob man in diesem Falle den Wirth zu bezahlen brauche?* Mit Recht wird dies verneint, indem ein Wirth für jedes Versehen aufkommen muß und er sich allerdings ein solches zu Schulden kommen läßt, wenn er nicht nach Möglichkeit die Flöhe zu vertilgen sucht. Dazu kommt noch, daß ein Gastwirth für den an den Sachen der Einkehrenden entstehenden Schaden einstehen muß; wie viel mehr ist er nun nicht dazu hinsichtlich ihrer Persönlichkeit verpflichtet. Denn man muß doch annehmen, daß er zugleich durch die Aufnahme der Fremden ihnen auch die Zusicherung und Verheißung geben wolle, sein Haus biete den Reisenden jede Bequemlichkeit. Wenn aber der Fremde eine Frau, oder was wohl dasselbe ist, einen Hund voll Flöhe bei sich führt: dann kann auch dem Wirth nichts zur Last gelegt werden. Denn der Schade, den Jemand durch seine eigene Schuld erleidet, wird als nicht erlitten angesehen; auch soll Niemand von dem Andern etwas Unbilliges verlangen.

§. 26. Ein, an das Wunderbare grenzender Fall.

Titius hatte einem mannkräftigen Mädchen, um die *feine Sitte* zu lernen, unser goldenes Buch: *Werthers Leiden**, geliehen. Da er indeß sah, daß andere Freier ihm den Vorrang abliefen, so forderte Titius, darüber aufgebracht, das Buch zurück und fand dasselbe an vielen Stellen von Flohdreck so beschmutzt, daß er es nicht mehr gebrauchen konnte. Er klagte deßhalb aus dem Leihvertrage und nun wurde die Frage aufgeworfen: *ob die Klage begründet sei?* Nach meinem Dafürhalten muß, da die besseren Rechtslehrer darüber einig sind, daß man beim Leihvertrage auch für das kleinste Versehen haften müsse, das Mädchen

* Es scheint, daß Göthe bei späterer Durchsicht der Abhandlung diesen §., oder doch wenigstens den Titel des goldenen Buches eingeschaltet habe.

allerdings zum Schadenersatz verurtheilt werden; ja, Titius darf sein Recht so weit verfolgen, daß, wenn das Mädchen nicht bezahlen kann, er zu der Forderung berechtigt ist, daß sie es mit ihrem Körper büße und ihm die desfalsige Exekution übertragen werde.

§. 27. Ein ähnlicher, wiewohl nicht an das Wunderbare grenzender Fall.

Ich hatte einem Schneider ziemlich theures, weißes Zeug gegeben, um mir daraus ein Unterkleid zu fertigen, und dies war in jenes Wohnung von den Flöhen gänzlich verunreinigt; daraus entstand die Frage: *Ob der Schneider diesen Schaden ersetzen müsse?* Gewiß wird Niemand – es möchte dies etwa der Jude Apella sein – unserer Ansicht entgegentreten, nach welcher der Schneider, da er die Sache nicht besser in Acht genommen hat, mit der Klage aus dem Verdingungsvertrage, oder, wenn kein Lohn vorher ausbedungen ist, mit der Klage nach der vom Prätor vorgeschriebenen Klagformel belangt werden kann[1].

§. 28. Folgerung.

Aus dem Vorhergehenden folgt nun auch die Verpflichtung des Faustpfandgläubigers, so daß derselbe, wenn ihm zu seiner Sicherstellung Kleidungsstücke übergeben sind und diese von den Flöhen eben so zugerichtet werden, dafür auch verhaftet ist. Hiermit gehört dann auch noch die Bemerkung des *Gothofredus* zum *Baldus*, daß der Pfandleiher für die Reinerhaltung der ihm verpfändeten Kleidungsstücke stehen, und dieselben vor Motten bewahren müsse.

1 Ein Walker muß dafür aufkommen, wenn die ihm zu walken gegebenen Kleider von den Mäusen zerfressen sind.

§. 29. Grundsätze beim Verkauf von Sachen.

Den früheren sinnverwandt ist die Frage: *Ob derjenige, welcher ein von Flöhen durchweg verunreinigtes Buch verkauft, nach dem Ädilitischen Edicte verhaftet sei?* Dies erledigt sich vollständig durch das früher Gesagte.
Eben dasselbe gilt bei einer Weste, die ganz mit Flöhen übersäet, von Jemand, ohne daß er es weiß, verkauft ist.
Es hatte ein Jäger einem anderen einen von Flöhen ganz ausgemergelten Hund verkauft; derselbe hing, wie der Virgilianische Stier, *kaum noch an den Knochen*, und man hatte nicht ungegründete Sorge, daß er bald ein Futter für die Raben sein werde. Dennoch, trotz dieses augenscheinlichen Fehlers, der den Hund zum Gebrauch unfähig machte, war nach Ausführung des Sachwalters, der Käufer nicht an den Vertrag gebunden und er errang mit dieser Ansicht im Erkenntnisse den Sieg.

§. 30. Wenn ein Testament durch Flöhe gänzlich verunreinigt ist.

Jetzt kommt ein Fall an die Reihe, der einmal in einem berühmten Hörsaal zu Verona zur Sprache gebracht worden ist. Es hatte nämlich eine Bäuerin ihre letztwillige Verfügung lange bei sich im Bette liegen gehabt, und da dieselbe von den Flöhen so verunreinigt worden war, daß man den Namen des Erben nicht mehr erkennen konnte, so entstand die Frage: *Was denn nun Rechtens sey?* Mit klaren Worten bestimmen ja die Gesetze, daß ein solches Testament ungültig ist.

§. 31. Der Ehemann in Flohfängergeschäften.

Nach dem Zeugnisse der heiligen Schrift ist der Mann Herr seines Weibes; dennoch könnte ein Zweifel entstehen, ob die Frau, wenn der Mann auf ihrem Körper oder ihrem Busen nach Flöhen suchen will, dies zu leiden brauche.

Zwar scheint es beim ersten Anblick, daß der Frau ein Recht zum Widerspruche zustehe, denn ich darf allerdings denjenigen, der Jagens halber mein Grundstück betritt, dessen verweisen. Aber im vorliegenden Falle gilt es umgekehrt; denn jener Grund und Boden, auf welchem der Ehemann die Jagd auf Flöhe ausübt, ist nicht Eigenthum der Frau, sondern, wie dies abermals die heilige Schrift an unzähligen Stellen lehrt, Eigenthum des Mannes. Zu den Früchten eines Grundstücks aber gehören unter anderen die Jagd und der Vogelfang.

§. 32. Ein merkwürdiges Beispiel einer Umarmung.

Es ist der Fall, den ich jetzt meinen Lesern vorlegen will, schon durch mehr, als eine Feder besprochen. Titius lebte als dienstthuender Lehnsmann am Hofe seines Lehnsherrn Sejus. Während er sich nun einst nach der Tafel in Abwesenheit des Herrn mit dessen Gattin unterhielt, fing er in der Gegend des zweihügligen, nicht den Musen, sondern der Venus geheiligten Parnaß, ich meine den wogenden und ganz Liebe athmenden Busen, einen Floh und tödtete ihn. Der Lehnsherr, dem dies durch seine Dienerschaft hinterbracht wurde, wollte den Titius deßhalb und zwar wegen Cucurbitation aus seinem Lehngute jagen, und deßhalb kam man auf die Frage: *Welches Recht ihn hierbei unterstützen sollte?* Die Frage war allerdings doppelseitig, und da gab es denn bei der Entscheidung so viel Köpfe von Rechtsgelehrten, als wilde Bienen. Dem Titius stand entgegen, daß er ein unzüchtiges Spiel mit der Ehegattin seines Herrn getrieben und dieselbe wollüstig berührt hatte, und daß deßhalb, da dies doch in gleichem Verhältnisse mit einer Umarmung oder dem Beischlafe stehe, eine Strafe ganz gerechtfertigt erscheine, selbst wenn die Frau ganz damit einverstanden gewesen wäre. Jedoch wurden auch Andere zu Rathe gezogen und diese, die gut gespickt waren, nahmen gerade das Gegentheil an, indem sie, wie nun einmal die ganze Sippschaft der Rechtsgelehrten streitsüchtig ist, das Vorgeben des Lehnsherrn geradezu für rechtlich und factisch unbegründet erklärten. Sie führten namentlich an:

1. Daß der Floh keineswegs an dem vollen Busen, sondern am Kinne oder Halse gefangen sei;
2. Daß die Diener des Herrn nicht als vollkommen einwandsfreie Zeugen anzusehen seien;
3. Daß die Strafbarkeit auf der Absicht beruhe;
4. Daß Titius die Frau nicht in wollüstiger Begierde berührt habe, und dies auch bei obwaltendem Zweifel um deßhalb nicht anzunehmen sei, weil er dies noch überdieß, wie es das Lehnrecht vorschreibt, mit einem *zwölffachen Eide beschwören* wolle;
5. Daß auch mit Rücksicht auf sein Alter die Vermuthung *für ihn* streite; sein weißes Haupt liefere ja den Beweis, daß er über 80 Jahr alt sei;
6. Daß er eher Belohnung, als Bestrafung verdiene: denn er habe die Gattin seines Lehnsherrn von einem Feinde befreit, der, je weniger er von Aller Augen gesehen werden könne, um so furchtbarer sei; er habe auf diese Weise den Pflichten eines treuen Lehnsmannes, der seinen Herrn gegen alle Feinde, sie seien nicht etwa der Kaiser oder der Pabst, schützen müsse, vollkommen genügt.

Aber wir sind nicht berufen, so streitige Sachen zu schlichten!

Jedenfalls hätte jedoch der Lehnsmann der Vorsicht gemäßer gehandelt, wenn er reine Hand gehalten hätte. Darum soll man immer bedenken: *Nichts angefaßt!*

§. 33. Wenn einer Frau Floh Schaden anrichtet.

Die Frau ist allerdings dafür verantwortlich, wenn einer ihrer Flöhe bei Jemandem, z. B. ihrem Ehemanne, widerrechtlich Schaden anrichtet. Denn wenn der Ehemann aus einem Versehen der Frau von diesem Hungerleidergeschlechte gestochen wird, so hat er die in diesem Falle zustehende Klage (actio utilis) des Aquilischen Gesetzes[1]; handelte aber die Frau dabei in böslicher Absicht, dann klagt der Mann auf Vorzeigung, nämlich des Blutes; weil nun aber die Frau dies unmöglich wird bewerkstelligen können, so wird der Mann zum Nachtheil der Frau zum Würderungseide verstattet. Liegt aber weder ein Versehen, noch eine bösliche Absicht vor, so hat der Mann eine Klage wegen widerrechtlichen Viehweidens[2], und diese geht darauf, daß die Frau den abgeschätzten Werth erlegen, oder den Floh selbst herausgeben muß.

§. 34. Ob ein Floh mit dem Tode bestraft werden könne?

Furcht und Zittern ergreift mich beim Anblick dieser gewaltigen Riesen-Arbeit! Es stockt das Wasser mir, daß ich für diesen Fall aus Ammons Quelle schöpfen muß! Denn wahrlich! nicht so leicht und ohne jede Schwierigkeit wird die Erörterung einer Frage erfolgen können, bei der so viele Fallstricke ränkevoll im Hintergrunde liegen, und die, um es geradezu heraus zu sagen, auf kein Gesetz gestützt, sich dahin herausstellt: *Ob ein Floh, wenn er Jemand gestochen hat, mit der Todesstrafe belegt werden könne?* Dabei muß man denn nun zuvörderst bedenken, daß ein gestochenes Frauenzimmer selbst über das Verbrechen nicht richten könne. Denn Niemand kann, außer wenn ein zeitiger oder fortwährender Gerichtsstillstand (iustitium) eingetreten ist, Richter in seiner eigenen Sache sein; vor Allem aber soll

1 Diese Klage steht jedem Andern, als dem Eigenthümer wegen widerrechtlicher Schadenszufügung zu, wenn der Schaden ohne unmittelbare körperliche Einwirkung mittelbar aus einer Handlung folgt.

2 Diese Klage geht auf Schadenersatz und steht Jemandem zu gegen denjenigen, welcher absichtlich das Vieh auf fremden Grund und Boden zum Abweiden und Wegfressen hintreibt.

man sich im gereizten Zustande jeglicher Bestrafung enthalten[1]. Aber ein gelindes Züchtigungsrecht, sollt' ich doch denken, dürfte einem gestochenen Mädchen gegen den Floh zustehen, so daß es ihn unter andern, so weit dies ohne Leibes- und Lebensgefahr möglich ist, einsperren, ihn zwischen den Fingern peinigen, drücken und reiben könne. Und dieser Schluß scheint mir um so richtiger, als es dem Herrn frei steht, seinen Sclaven, ohne dabei jedoch Grausamkeit anzuwenden, zu züchtigen, ihn zu fassen und in das Gefängniß, oder in die Stampfmühle zu schikken, imgleichen auch ihn eine Zeitlang zu verbannen. Eben so kann auch ein Frauenzimmer, oder eine Ehefrau einen flüchtig gewordenen Floh auf ihre eigene Gefahr hin wieder einfangen. Aber einen Floh zu tödten ist, unserer Meinung nach, gegen alles Recht; nicht als ob wir mit den Stoikern glauben, keinen Unterschied unter den Verbrechen machen zu dürfen, ob Jemand seinen Vater oder einen Hahn tödtet; sondern

1. Weil ein Floh ja doch nur aus Hunger ein Verbrechen begeht, und deßhalb nur mit einer gelinden Leibesstrafe belegt werden kann; und
2. Kein Verhältniß statt findet zwischen Strafe und Verbrechen, zwischen einem Tröpfchen Blut und dem Tode.

Stechend verwundest du mich, doch gebe dafür ich den Tod dir,
Für so geringes Vergehen, nicht leugn' ich's, wirst hart du bestrafet.

3. In keinem Rechte, weder in dem göttlichen, noch in dem menschlichen, ist festgesetzt, daß ein Floh am Leben gestraft werden soll. Worüber aber das Gesetz schweigt, darüber sollen auch wir schweigen. Dazu kommt noch,

1 *Seneca: Im gereizten Zustande soll Dir nichts frei stehen; Warum? – Weil Du verlangst, daß Dir Alles frei stehe.*

4. Daß man, wie dies ganz scharfsinnig im römischen Rechte aus einander gesetzt wird, in zweifelhaften Fällen der mildernden Ansicht folgen solle. Man dürfe daher auch, wenn man Lebensstrafe festgesetzt fände, darunter keinesweges die Todesstrafe verstehen; denn wenn ganz einfach Lebensstrafe dasteht, so ist dabei nicht gleich an Todesstrafe, sondern an eine weit weniger harte Strafe, wie z. B. an Verbannung, zu denken. Und endlich
5. Ist der Floh Fleisch und Blut eines Frauenzimmers, und daher gewissermaßen ein Theil desselben. Niemand aber hat das Recht eigenmächtig über seine Gliedmaßen zu verfügen.

Wie wohl nun nach rechtlichen Begriffen diese Ansicht nicht bestritten werden kann, so hat sich doch im gemeinen Leben ein anderer Brauch erhalten; denn, wie fast auf der ganzen Erde es allgemein geschieht, so werden die unglücklichen Flöhe, wenn sie über der That ertappt werden, ohne daß von einem gerichtlichen Verfahren die Rede ist, ungehört und unvertheidigt, kurzweg von den Gestochenen selbst mit der Grausamkeit eines Phalaris hingemordet, so daß sogar einmal ein Mädchen im Monate August an einem Tage sechstausend Flöhe todt machte. Und noch obendrein traten bei diesem *Flohmorde* Grausamkeit und Schadenfreude mit einander in Wettkampf, denn spottend sang das Mädchen den Widerkämpfenden zu:

> Nahe schon ist dir die feindliche Macht und die Stunde der Parzen.

Zwar, ich leugne es nicht, haben jene (Flöhe) bei ihren Lebzeiten große Freiheit; zu ihrem Aufenthalte dient das angenehmste Buschwerk, und selbst den Venusberg dürfen sie besteigen und in Cupido's waldumkränzte Höhle schlüpfen: aber das grausame Geschick verbietet, sie glücklich zu preisen. Man kann auf sie nicht unpassend, wenn man den Namen verändert, *Seneca's* Worte anwenden: *Das Schicksal zeichnet Niemand so sehr aus, daß es sich ihm in eben dem Maaße, wie Vortheil bringend, nicht auch Unheil drohend zeigen sollte: aber hüte dich solcher scheinbaren Ruhe sorglos zu vertrauen; denn jeden Augenblick wandelt sich das Meer, und an demselben Tage, wo die Schiffe lustig schaukeln, versinken sie.* Hierher bezüglich ist auch die Grabschrift, welche wir auf den von einer Jungfrau getödteten Floh gemacht haben:

Unter dem Rasen nun lieg' ich, der Glückliche einst durch die Freiheit,
Wie sie Äneas genoß, so singen von ihm uns die Dichter:
Beiden geöffnet Elysiums-Thore. Doch glücklich nur jener,
Kehrt er zurück; mich erwartete dort Tod bringendes Unheil.

Wie nun aber ein jedes Geschwür seinen Arzt und jede Streitsache ihren Vertheidiger findet, eben so mangelt es auch nicht an Beweisen und Entschuldigungen, wodurch der *Flohmord* sich einen Schein des Rechts zu geben sucht. Hierher ist zu rechnen:

1. Weil er in der ganzen Welt auf einem noch nicht veralteten Brauch beruhe. Herkommen sei aber auch ein Theil des Rechtes und entschuldige selbst bei unerlaubten Handlungen.
2. Weil derjenige, welcher einen Dolch bei sich führt, den Bestimmungen des Cornelischen Gesetzes zufolge, den Tod erleiden soll; die Flöhe aber beständig mit Dolchen bewaffnet umherliefen.
3. Weil ein so gemeiner Räuber und nächtlicher Plünderer, wie dies ein Floh sei, selbst wenn er keinen Schaden angerichtet hätte, ungestraft von Jedem getödtet werden könne.
4. Weil Jeder mit seinem Eigenthume, selbst mißbrauchsweise, schalten und walten könne.
5. Weil bei den zunehmenden Verbrechen der Flöhe auch die Strafen gesteigert werden müßten.

Allein diese Gründe sind keinesweges so gewichtig, daß sie vermöchten uns von der oben aufgestellten Ansicht abzubringen. Denn was den *ersten* Punkt anbetrifft, so handelt es sich nicht darum, wie es in Rom zugeht, sondern wie es überhaupt zugehen darf. Und um dies zu beurtheilen, muß man nicht auf Thatsachen, sondern auf die Gesetze sehen. Wir glauben ja auch nicht deßhalb an die Kirche, weil sie alt ist, sondern weil sie Vernunftgründe hat. In dieser Hinsicht sagt *Seneca: Oft täuscht der gebahnteste und besuchteste Weg am meisten. Daher muß man vorzüglich darauf sehen, daß man nicht nach Art des Viehes der Vorläufer Heerde folge und, statt zu gehen, wo gegangen werden soll, da gehe, wo die Andern gehen.* Das Herkommen muß vernunftgemäß sein. Auch redet die für die entgegengesetzte Ansicht aus dem canonischen Rechte angezogene Stelle nur von dem, was allein nach positivem Rechte unerlaubt ist, so wie von geringern Vergehen; schwerere Verbrechen, selbst wenn sie bei allen Völkern vorkämen, dürften wohl keine Nachsicht verdienen.

Anlangend den *zweiten* und *dritten* der gegentheiligen Beweisgründe, so wollen wir gleich zwei Fliegen mit einer Klappe schlagen, indem wir darauf entgegnen, daß der Floh es keinesweges auf das Leben des Menschen abgesehen, sondern vielmehr die Mädchen so lieb habe, daß er aus lauter Liebesdrang sie ganz verschlingen möchte. Und dann ist doch auch der Schaden, den ein Floh anrichtet, nur ganz gering; um solche Kleinigkeiten aber kümmert sich der Prätor nicht.

Den *vierten* Pfeil wollen wir uns gleichsam mit dem siebenfachen Schilde des Turnus abwehren, indem wir erklären, daß die beregte Stelle des römischen Rechtes nichts über den Mißbrauch enthält, auch nicht von lebenden, sondern von leblosen Sachen verstanden werden muß; hinsichtlich der erstern aber sagt die heilige Schrift: *Der Gerechte erbarmt sich seines Viehes, aber das Herz des Gottlosen ist voll Grausamkeit.* Ueberdies ist auch noch zu bedenken, daß das erwähnte willkührliche Schalten und Walten durch die Gesetze Einschränkungen erleidet.

Der *letzte* Beweisgrund paßt nur auf vernünftige Wesen und giebt überdies gar nicht den genügenden Beweis, daß die Flöhe getödtet werden dürfen. Und gewiß bleibt es sehr dem Zweifel unterworfen, ob ein Floh, wenn er seiner Nahrung nachgeht, zu einer solchen Erbitterung Veranlassung giebt. Denn wahrlich, vom Winde lebt doch Niemand!

§. 35. Wenn ein Floh das Verbrechen wiederholt.

Wie verhält es sich dann, *wenn der einmal seiner Haft entlassene Floh abermals eingefangen wird?* Da die Wiederholung eines Verbrechens auch erschwerende Umstände für dasselbe herbeiführt, so muß allerdings die Strafe für den Taugenichts geschärft werden, so daß ihm selbst beide Hände abgehauen werden können. Auf gleiche Weise tritt dann auch eine Verschärfung der Strafe ein, wenn eins jener Thierchen in Gegenwart ehrbarer Männer hervorgesprungen kommt und so Veranlassung wird, das Mädchen zu necken und zu betrüben[1]. Dieß alles wird der besonnene Richter einsichtsvoll erwägen.

§. 36. Dem Flohe darf das Recht der Vertheidigung nicht versagt werden.

Es könnte auch Jemand darüber ein Bedenken tragen: *Ob dem Floh ein Rechtsbeistand zugeordnet werden dürfe?* Diejenigen, welche einen Floh für ein Kameel, das heißt, die den Floh für einen schweren Verbrecher halten, werden ihm gewiß das Recht hierzu absprechen, sich stützend auf *Paris von Puteum*, nach dessen Meinung der Richter berüchtigten Dieben und Straßenräubern keinen Rechtsbeistand zuordnen dürfe. Jedoch sind wir, die wir das Vergehen eines Flohes mit der Wage der Billigkeit wägen und

1 Sei es nun auf öffentlichem Markte, oder im Angesicht des Prätors.

nicht allen Erzählungen unbedingt Glauben schenken, der Ansicht, daß man ihm allerdings einen Rechtsbeistand geben müsse. Denn jedem, zumal dem, der eines mit der Todesstrafe bedroheten Verbrechens angeklagt ist, soll, selbst seines Widerspruchs ungeachtet, ein rechtlicher Sachwalter beigeordnet werden. Ja nach *Carpzovs* Lehre ist das Recht, sich vertheidigen zu lassen, nicht einmal den *Thieren* abzusprechen. Ohne Zweifel nahm jener grundgelehrte Mann hierbei Rücksicht auf die *Flöhe,* da sie ja doch auch zu den *Thieren,* oder doch mindestens zu den *Thierchen* gehören.

§. 37. Art und Weise der Todesstrafe.

Die gewöhnliche Annahme im gemeinen Leben, wornach ein Floh, wenn er über der That ergriffen wird, sogleich auch getödtet werden könne, hat zu der Frage Veranlassung gegeben: *Ob derselbe auch auf andere Weise, als mit den Nägeln bestraft werden könne?* so daß man ihn z. B. lebendig verbrennen, im Nachtgeschirre ersäufen, oder mit der Nadel aufspießen dürfe. Der richtigen Auslegung des römischen Rechtes zufolge ist mehr Grund für das Gegentheil, da nach demselben bei Todesstrafen nicht einen Finger breit von der gewöhnlichen Art und Weise der Vollstrekkung abgewichen werden soll[1].

1 Am gewissenhaftesten handelten in solchem Falle die Massilienser, von denen *Valerius Maximus* im 6. Capitel des 2. Buches seiner »berühmten Thaten und Reden« erzählt: *Von Erbauung der Stadt her befindet sich in dieser noch ein Schwert, womit die Missethäter hingerichtet werden, das, wenn gleich vom Roste zerfressen und kaum mehr brauchbar, doch ein sicheres Zeichen ist, wie man selbst in den geringfügigsten Dingen alle Ueberbleibsel des alten Herkommens ehren müsse.*

§. 38. Eine Frage aus dem Kirchenrechte.

Eine runzelige Alte, die weder Haare noch Zähne mehr, aber eine gewaltige Menge Flöhe hatte, fragte mich einst: *Ob man wohl in der Kirche einen Floh tödten dürfe?* Diese kirchenrechtliche Frage wird sicherlich von dem Agesilaus bejaht werden, der einmal ein solches Thier, welches er während des Opferns fing, mit den Worten zu tödten befahl: *Der hinterlistige Feind darf selbst am Altare ermordet werden.* Indeß muß doch richtiger die Frage verneint werden

1. Nach dem *göttlichem* Rechte, weil durch den Mord des Flohes die Gedanken von dem Gottesdienste abgezogen werden;
2. Nach dem *Völkerrecht,* weil die Kirche eine geweihte Stätte ist und nicht durch Blut verunreinigt werden darf;
3. Nach dem *bürgerlichem* Rechte, und mit diesem stimmt das göttliche und Völkerrecht ganz überein, weil ein Floh sich wenigstens in der Kirche einer Freistatt erfreuen dürfe.

Hierzu kommt noch, daß jeder in der Kirche vorgefallene Streit hart bestraft wird, zumal dann, wenn es von Worten zum Morden gekommen ist.

§. 39. Wenn mit einem Male mehrere Flöhe gefangen werden.

Wenn nun eine Frau mit einem Male mehrere Flöhe gefangen hat: *Dürfen diese alle dem Schwiegersohne der Ceres zugesandt werden?* Das wäre doch wahrlich grausam! Ganz richtig sagt Cicero in der Rede für den Cluentius: *Nach den Verordnungen unserer Altvordern sollte, wenn beim Kriegswesen von Vielen ein Verbrechen begangen worden war, nur gegen Einige, wie sie das Loos bestimmen würde, strafend verfahren werden, so daß zwar Alle in Furcht leben sollten, jedoch nur Wenige bestraft würden.* Eben so bemerkt auch *Seneca: Wo das ganze Heer zu Ausreißern geworden ist, da mildert sich die Strenge des*

Feldherrn und Verzeihung wird nothwendig. In dem vorliegenden Falle wird also das Loos entscheiden, oder man wird aus Freundschaft handeln müssen für den, welchem man zu Gunsten leben will. Doch dürfte der Feisteste, da er die Vermuthung der täglichen Gewohnheit gegen sich hat, jedenfalls todt zu machen sein.

§. 40. Auf Flöhe bezügliche Klagen.

Ein junger Mann hatte aus Muthwillen einem Mädchen einen von ihr gefangenen Floh aus der Hand geschlagen: *Mit welcher Klage mußte er belangt werden?* In dem weiten Gebiete der Rechtswissenschaft findet sich, daß er mit der Klage wegen entzogener Sache[1] zu seiner Verbindlichkeit angehalten wird; gleichwie der verhaftet ist, der aus Mitleid einen fremden Sclaven von seinen Fesseln befreit und ihm auf diese Weise zur Flucht behülflich ist. Wenn jedoch Jemand einen Floh, der vor den Richter gestellt werden soll, heimlich über die Seite schafft, so könnte man wohl nicht ohne Grund behaupten, daß ein solcher nach dem prätorischen Edicte: »Daß Niemand den, welcher vor Gericht gefordert wird, mit Gewalt vorenthalte,« zuweilen auch nach dem Iulischen Majestätsgesetze belangt werden müsse. Weitläuftiger hat diesen Gegenstand *Thomingius* besprochen, mit welchem *Hahn* und *Wissenbach* zu vergleichen, sich wohl der Mühe lohnen wird.

§. 41. Zweifel über die von einem Flohe beigebrachte Wunde.

Wie dann: *Wenn bei dem Richter ein Bedenken hinsichtlich der Wunde entsteht, welche der angeschuldigte Floh dem Mädchen beigebracht hat?* Da über das, was im Verborgenen liegt,

1 Diese Klage findet statt, wo eine Sache, ohne beschädigt oder zerstört zu werden, entzogen wird, und steht jedem Andern, nur nicht dem Eigenthümer zu.

weder der Apostel Paulus, noch der Rechtslehrer Paulus urtheilen können und dürfen, dem Mädchen aber in ihrer eigenen Sache, zum Tod bringenden Nachtheil eines Dritten, unbedingten Glauben zu schenken, nichtswürdig handeln hieße; so ist hierbei allerdings nur nach dem Titel der Pandecten: *Ueber Leibesbesichtigung,* zu verfahren; zu welchem Acte alsdann ein *Notar mit zeugungsfähigen* (ich wollte sagen *zeugnißfähigen* Männern) zugezogen werden muß. Hintergeht dieser aber, vielleicht dem Mädchen zu Liebe, den Richter hinsichtlich der Größe und Beschaffenheit der Wunde, so kann gegen ihn die jedem Dritten zustehende Klage nach dem Edicte: *Wenn der sachverständige Ausmesser das Maaß falsch angegeben hat,* anhängig gemacht werden.

§. 42. Ueber die Mittel zur Vertreibung der Flöhe.

Die Flöhe sind nach Naso's Ausspruch: *für die Mädchen eine widrige und bösartige Krankheit.* Es könnte daher vor dem Forum der bessern Einsicht die Frage zur Sprache kommen: *Ob man zur Vertreibung der Flöhe sich der Amulete bedienen dürfe?* Es muß dieß allerdings zugestanden werden, wenn dabei nicht Aberglaube zu Grunde liegt; denn gleichwie auch Heilmittel, z. B. Flohkraut, angewendet werden können, eben so unterliegt es keinem Bedenken, daß man sich dergleichen Amulete mit Recht bedienen dürfe. Doch erwarte Niemand von uns eine Aufzählung solcher Amulete; denn in einer solchen Sache, wo unwissend sein nur gelehrt sein heißt, wollen wir gern unsere Unwissenheit bekennen; wer aber darüber nähern Aufschluß zu haben wünscht, der befrage die Mädchen, welche davon die beste Kenntniß haben. Nur das wollen wir noch erwähnen, daß der hochberühmte *Scaliger* die Lehre aufgestellt hat: *daß alle Thiere durch den Rauch verjagt würden, der aus der Verbrennung einiger Thiere desselben Geschlechts hervorgebracht werde.* Daß man sich zur Vertreibung der Flöhe nicht

Zaubermittel bedienen dürfe, geht ganz deutlich aus den Bestimmungen des Römischen Rechts hervor[1]. Ob nun aber zu den erlaubten Amuleten auch die hinzuzurechnen sind, wodurch jene stechenden Thierchen auf das nachbarliche Grundstück gejagt werden, ist eine Frage, die noch nicht völlig ausgemacht ist. Wie ich glaube, muß diese Streitfrage nach den Römischen Gesetzen entschieden werden. Dabei ist denn nicht außer Acht zu lassen, daß Jeder sich selbst der Nächste ist und daß es die Schuld des Nachbars selbst ist, wenn er nicht ähnliche Mittel zur Vertreibung der Flöhe anwendet.

§. 43. Ueber das geistliche Mittel der Beschwörung.

Wie steht es nun um das geistliche Mittel der Beschwörung, wodurch man die Flöhe vertreiben kann? *Chassanäus* theilt uns davon folgende Formel mit: *Ihr Mäuse, Schnecken, Würmer, Flöhe, und all' ihr unsaubern Thiere, die ihr der Menschen Nahrungsmittel verschleppt und zernagt, und euch in diesem Gebiete* (in dem von Autun) *und dessen Parochien aufhaltet: ich beschwöre euch, weichet von diesem Gebiete und der Parochie und suchet euch Oerter, wo ihr Niemandem mehr schaden könnet, im Namen des Vaters, des Sohnes und des heiligen Geistes. Amen.* Ein ähnliches Verbannungsmittel theilt derselbe Rechtsgelehrte am genannten Orte gegen die Sperlinge, wenn sie die Kirche verunreinigen und den Gottesdienst stören, mit. Wir können uns indeß mit solchen Austreibungsmitteln nicht einverstanden erklären. Denn obgleich die erste Kirche, wie aus der heiligen Schrift bekannt ist, wunderthätige Kraft besaß, so ist

1 Ulpian sagt: *Jedoch gehört das nicht zur Heilmittellehre, wenn er* (der Arzt nämlich) *Zauberformeln gebraucht, wenn er Anwünschungen macht, wenn er, um mich fernerhin des gewöhnlichen Ausdrucks zu bedienen, Geister beschwört; wenn gleich Etliche marktschreierisch versichern, daß ihnen dies geholfen habe.*

dieß doch heut zu Tage nicht mehr der Fall. Ganz richtig bemerkt daher *Augustinus: wer heutiges Tages noch nach Wundern forscht, der sucht ein Ungeheuer.*

Aus: Göthe's juristische Abhandlung über die Flöhe. Berlin 1839.

Anmerkung des Herausgebers:

Das Original dieser »Juristischen Abhandlung über die Flöhe« stammt von Jocoserius Opizius, d.i. Otto Philipp Zaunschliffer (1653–1729), der Professor der Jurisprudenz in Marburg war. Dieses Werk erschien zuerst 1683 und wurde oft nachgedruckt (zweimal im Jahre 1684, dann 1688, 1698, 1702, 1704, 1714, 1724, 1743, 1798, 1800, 1879).
Zu einer gewissen Berühmtheit gelangte diese Dissertation im Jahre 1823, als der Text durch Friedrich Glover (d.i. Christian Heinrich Gottlieb Köchy, 1769–1828) in dessen Buch »Goethe als Mensch und Schriftsteller« mit einer fingierten Übersetzung aus dem »Edinburgh Review« Goethe untergeschoben wurde. Seitdem ist die »Juristische Abhandlung über die Flöhe« nur noch unter dem Namen Goethes bekannt. Eine frühe, Goethe zugeschriebene Fassung (Frankfurt 1768) hat allerdings nie existiert. Noch im Jahre 1988 gab es eine neue, illustrierte Ausgabe, die Goethe als Autor nennt.
Die »Juristische Abhandlung über die Flöhe« hat ihrerseits eine ganze Literatur provoziert. Ein Dr. Sabellicus (das ist das Pseudonym des Berliner Buchhändlers Dr. Eduart Wilhelm Sabell) hat 1879 prononciert die Fälschung nachgewiesen. Er war aber nicht der erste. Bereits 1840 hat ein »K.G.J.« in der Zeitschrift »Minerva« (Jena, Band 193, Seite 155) unter dem Titel »Über literarische Curiositäten und Mystifikationen«, 1858 ein weiterer Autor namens Creizenach im »Frankfurter Museum« (IV. Jahrgang, 2. Halbjahr, Seite 756: »Über eine angeblich von Göthe verfaßte Abhandlung«) die Autorschaft Goethes angezweifelt.
Goethe freilich kannte die Floh-Dissertation. Er wird ihr bei seinen Faust-Studien begegnet sein. Im ersten Teil des heute seltenen Sammelbandes »Deliciarum manupulus: das ist annehmliche und rare Discourse von mancherley nützlichen und curiosen Dingen« (Dresden und Leipzig 1702) ist unter anderem neben »J. G. Naumann's curiöser Betrachtung des s. g. D. Faustens«,

einer »Curieusen Untersuchung des Solennen Convents der Hexen auf dem Brockelsberge« auch unsere Floh-Dissertation enthalten. Goethe entnahm dieser Sammlung das Floh-Lied für seinen »Faust« (siehe die Seiten 90 und 91 dieses Breviers).
Unser Text folgt der Berliner Ausgabe von 1839, der ersten, die den Namen Goethes im Titel führt.

Der Floh.

Jüngst biß ein Floh ein altes Weib
Gerade da sie beten wollte:
Sie fuhr ihm nach, packt ihn beym Leib
Und schwor ihm, daß er sterben sollte.

Ach, fieng der arme Sünder an,
Gestrenge Mutter, Gnade, Gnade!
Ich habe Dir ja nichts gethan;
Ein Flohstich ist ein kleiner Schade.

Nein, sprach sie, hoffe nichts von mir!
Das Unglück ist zwar klein zu nennen;
Allein die Schuld lag nicht an Dir,
Du hast nicht mehr mir schaden können.

(1764)

Aus: Gottlieb Konrad Pfeffel: Poetische Versuche.
Tübingen 1802.

Frei nach Heine

Du schwarzer, böser Sünder,
So schlecht und doch so klein,
Du saugst mich an, und Wehmut
Zieht mir ins Herz hinein.
Es ist mir, als ob ich die Finger
An den Leib dir legen sollt,
Weil ich vor Jucken könnte
Und Schmerz noch werden toll.

Der Floh – elegisch

Schertz-Gedancken |

Nach Anleitung einer Lateinischen Elegie.

Du kleiner Floh | der Mädgen grosse Plage |
Wie stelt mein Kiel doch Deine Tücke vor?
Du quälst den Leib bey Nachte und bey Tage |
Und keine Haut getraut sich mehr vor Dir |
Dein schwartzer Mund beschnüfft die weissen Glieder |
Und stecket sie mit braunen Flecken an |
Es reist Dein Stich die Lust der Träume nieder |
Und macht das offt kein Mädgen ruhen kan.

Der weiche Schoß | der Brüste Marmor-Hügel |
Und alles steht in Deinem Schertze frey |
Dich hemt kein Schloß | Dir hindern keine Riegel |
Das schönste Kind spührt Deine Löffeley
Dein freiher Fuß entweiht wol gar die Gräntzen |
So mir die Zucht annoch verboten hat |
Ach hätte ich doch Deine Macht im Lentzen |
So faste ich bald einen beßern Rath |
Wenn die Natur mir meinen Wunsch vergönte |
Daß ich ein Floh und Mensche könte seyn |
Und daß die Kunst den Leib verwandeln könte |
So liesse ich mich bei den Flöhen ein |
Wenn es die Krafft der Artzeney gewehrte |
Ich legte gleich das alte Wesen ab |
Und thäte was ich als ein Mensch begehrte |
Und was mir hie zu erstlich Anlaß gab.
Ich wolte mich bald an den Vorhang machen |
Wo hinter sich die Liebes Scene zeigt |

Und brauchen noch alsdann der süssen Sachen |
So dieses mahl mein blöder Reim verschweigt.
Zwar müst ich mich erst eingezogen stellen |
So lange biß ich wieder menschlich wär;
Doch wenn sich dan das Mädgen vor den Fällen
Entsetzen mögt' | und rieff die Diener her?
Ich müßt es nur gleich auf das Bitten legen |
Und werden wie vorhin ein kleiner Floh |
Und bald ein Mensch; sie ließ sich doch bewegen |
Wenn ich mich ihr verschwühr in Folio.
Ich wette was | sie lobte noch den Possen |
Und liebte selbst den angenemen Feind |
Der in das Ziel so glücklich eingeschoßen |
Eh daß es noch ein Mensche hätt' vermeint.

(nach Ovid)

Aus: Nicolai von Bostel: Poetische Nebenwerke.
Hamburg 1708.

Der Sündfloh

Als schauerlich und grausenvoll
die Sündflut um die Berge schwoll,
kam noch im siebenten Moment
ein junger Floh herzugerennt.

Doch da das obligate Paar
von Flöhen schon im Kasten war,
so mußte Noah ihn bestimmen,
ins nasse Grab zurückzuschwimmen.

Voll Eifer gleichfalls protestierten
die beiden, die bereits logierten,
weil – riefen sie (besonders er) –
ein Dritter nicht gestattet wär.

Der Sündfloh (denn er war es) blieb,
obschon verborgen wie ein Dieb –
und zwar (trotz Jahwen in der Höhe)
vom einen der zwei beiden Flöhe.
Von welchem braucht man nicht zu sagen.
Doch ward hierdurch aus Vorzeittagen
das Dreieck, von dem Ibsen schreibt,
der Neuzeit wieder einverleibt.

Aus: Christian Morgenstern: Gesammelte Werke in einem Band. München 1989.

Der Floh

Sieh diesen Floh! und sieh zugleich
Wie wenig das, was du mir weigerst, heißt.
Mich biß er erst, nun beißt er dich,
In ihm wird unser beider Blut vermischt.
Gesteh, daß solchen Akt kein Mensch
Sündig, schandbar, und Raub der Unschuld nennt.
Der da genießt, eh er lang freit,
Labt sich, und schwillt vom einen Blut der zwei;
Und uns wär dies mißgönnt aus Schicklichkeit?

Doch sacht! halt ein! Drei Leben laß
Dem Floh, der uns vermählt, und mehr als das:
Der Floh bist du, dann ich, zuletzt
Ist er uns Hochzeitstempel, Hochzeitsbett:
Den Eltern, dir, zum Trotz, gepaart
In der Klausur aus lebendem Gagat.
Zwar bist du meinen Mord gewohnt,
Doch Selbstmord laß, und Sakrileg – vor Gott
Drei Todsünden für dreifach grausen Tod.

O rasche Willkür! hast du jetzt
Den Nagel mit der Unschuld Blut benetzt?
Worin denn fehlte dieser Floh
Als in dem Tröpfchen, das er aus dir sog?

Du sagst (und brüstest dich erst recht),
Du fändest weder dich noch mich geschwächt.
Schon wahr – wie eitel Ängste sind!
Nur soviel Ehre, gibst du dich mir hin,
Verfällt, wie dir der Flohtod Leben nimmt.

Der Flohjammer

Es ist ein Thierlein auf der Welt,
Hält sich gar gern zu Weiben,
Wiewol es ihnen nicht gefällt,
Kanns doch kein Mensch vertreiben.
Es beißt und sticht   Und hilft auch nicht,
Wenn man sich schon thut reiben:
Es ist ein Floh.   Des sein nicht froh
Die jungen und alten Weiber.

Ein Floh der beißt und sticht, er zwickt und pickt, er stupft und hupft, er kreucht und weicht, er kitzelt und bitzelt, zitzelt und fitzelt und krabelt und zabelt.

Die Meidlein und die Weiben
Nicht sicher vor ihm bleiben.

Die Weiber haben große Pein
Von Flöhen über d' Maßen,
Bei ihnen findt man groß und klein,
Kein Ruh sie ihnen lassen.
Im Hemd und Kleid   Thuns ihnen Leid,
In Haus und auf der Gassen
In Pelz und Rock   Sitzt manches Gschock
Und plagens auf der Straßen.
Ein Floh etc.

Wann d' Weiber in die Kirchen gehn
Oder zur Gastung wöllen,
So thun sie vor fürs Fenster stehn
Und fangen manchen Gesellen.
Mit großem Fleiß Auf manche Weis
Den Flöhen sie nachstellen
Und wanns sies dann Erhaschet han
So thun sies weidlich knellen.
Ein Floh etc.

Und wann sie wollen schlafen gan,
Fürs Licht sie stehn, von Stunden
Die Flöh zu suchen hebens an
Und fischen oben und unten;
Sie suchen aus Wohl nach der Paus
All Falten und all Schrunden,
Solang bis sie Mit großer Müh
Die Flöh haben gefunden.
Ein Floh etc.

Aus: Erasmus Widmannus: Neue musikalische Kurzweil: Nürnberg 1618.

Der Floh – gesungen

Lied eines deutschen Flohes

nach Stolberg

Mein Bein ist stark und groß mein Fuß,
Gebt Menschen euer Blut!
Denn dies zu saugen, Hochgenuß,
Schwellt meinen Heldenmuth.

Ich finde fürder keine Ruh
Im gelben Garten-Sand,
Ich stürb im Garten, siech wie du
Ans Krankenbett gebannt!

Schon früh in meiner Kindheit war
Mein täglich Spiel der Biß,
Als Knabe träumt ich von Gefahr
Im Sprunge siegsgewiß.

Mein Feldgeschrei erweckte mich
Aus mancher Menschenhatz!
Noch jüngst ein Zucken, welches ich
Fühlt am verborgnen Platz.

Da neulich meiner Brüder Schaar
An dieser Blase sog.
Und mich, der Knabe leider war,
Um den Genuß betrog,

Da gaffte froh und freute sich
Der Flöhe junger Bund,
Ich aber, glaubt mir, grämte mich
Und prüfte meinen Mund!

Mein Zahn ist scharf und stark mein Fuß,
Gebt Menschen euer Blut!
Denn dies zu saugen, Hochgenuß,
Schwellt meinen Heldenmuth.

Der Floh – balladesk

Mephistopheles *singt*
Es war einmal ein König,
Der hatt einen großen Floh –

Frosch Horcht! einen Floh! Habt ihr das wohl gefaßt?
Ein Floh ist mir ein saubrer Gast.

Mephistopheles *singt*
Es war einmal ein König,
Der hatt einen großen Floh,
Den liebt' er gar nicht wenig,
Als wie seinen eignen Sohn.
Da rief er seinen Schneider,
Der Schneider kam heran:
»Da, miß dem Junker Kleider
Und miß ihm Hosen an!«

Brander Vergeßt nur nicht, dem Schneider einzuschärfen,
Daß er mir aufs genauste mißt
Und daß, so lieb sein Kopf ihm ist,
Die Hosen keine Falten werfen!

Mephistopheles In Sammet und in Seide
War er nun angetan,
Hatte Bänder auf dem Kleide,
Hatt auch ein Kreuz daran

Und war sogleich Minister
Und hatt einen großen Stern.
Da wurden seine Geschwister
Bei Hof auch große Herrn.

Und Herrn und Fraun am Hofe,
Die waren sehr geplagt,
Die Königin und die Zofe
Gestochen und genagt,
Und durften sie nicht knicken
Und weg sie jucken nicht.
Wir knicken und ersticken
Doch gleich, wenn einer sticht.

Chorus *jauchzend*
Wir knicken und ersticken
Doch gleich, wenn einer sticht.

Frosch Bravo! bravo! das war schön!
Siebel So soll es jedem Floh ergehn!

Brander Spitzt die Finger und packt sie fein!
Altmayer Es lebe die Freiheit! Es lebe der Wein!

Aus: Johann Wolfgang von Goethe: Faust I. Auerbachs Keller. Leipzig 1867.

Der Floh – musikalisch

Als zwischen 1770 und 1780 der Walzer aufkam und sich zu einer regelrechten Tanzwut ausweitete, betrachtete man das Walzerkomponieren als ein Kinderspiel. Musikalische Vielschreiber legten einen Tanz im Dreivierteltakt nach dem anderen – nicht aufs Parkett, sondern aufs geduldigere Papier. So wurde zum Beispiel unter dem klingenden Namen Wolfgang Amadeus Mozarts eine »Anleitung, Walzer oder Schleifer mit zwei Würfeln zu componieren, so viele man will, ohne etwas von der Musik oder Composition zu verstehen« herausgegeben. Warum sollte, was mit zwei Würfeln möglich war, nicht auch mit Hilfe eines Flohs oder gar mehrerer Flöhe gelingen, die von Note zu Note sprangen und somit den Tanz bestimmten?
Etwa fünfzig Jahre später erlag ganz Europa dem Polka-Rausch. Die Polka machte eine gleiche Beliebtheitstour durch wie der Walzer. Was Ende des 18. Jahrhunderts im Dreivierteltakt begann, setzte sich nun im Zweivierteltakt fort. Seit dieser Zeit bezeichnet man mit einem Floh-Walzer, ab und an auch als Floh-Polka benannt, ein relativ einfach strukturiertes Musikstück.
Noch einmal etwa fünfzig Jahre später, genauer: am 24. April 1890, soll der bis vor kurzem völlig unbekannte Ferdinand Loh (1869 – 1927) nach siebenjähriger intensiver kompositorischer Arbeit sein Opus magnum beendet haben. Ferdinand Lohs Leben fällt in eine wechselvolle Periode der Musikgeschichte. Lohs Entdecker und erster Biograph Eric Baumann schreibt: »Lohs nur bei ihm anzufindende Hexaphonie bereitet die Zwölftontechnik und die wesentlichen Kompositionstechniken des zwanzigsten Jahrhunderts vor …« Loh verdanken wir das wohl

meistgespielte Werk der Klaviermusik. Eric Baumann läßt anklingen, daß F. Lohs Walzer nicht zuletzt durch eine von Konrad Duden in seiner Rechtschreibreform (1902) übersehene Lautstellung zum Floh-Walzer wurde. Das aber wiederum ist der lebende Beweis, daß auch in der Musik und schon zu Mozarts Zeiten heftig plagiiert wurde.

Wissenschaftliche Literatur:

Eric Baumann: Der Komponist Ferdinand Loh und sein Opus magnum: Der Flohwalzer. Zürich, Mainz 1996.
F. Loh: Flohwalzer. Originalaufnahmen von 1896.
CD 285502 – 2/ALC 5502-2.

Der Floh – märchenhaft I

Der Floh und die Laus

Es war einmal ein Floh, der eine Laus geheiratet hatte.
Eines Tages sagte der Floh zur Laus:
»Liebe Laus, ich gehe in die Stadt. Koch' inzwischen eine deiner guten Suppen, damit ich sie bei meiner Rückkehr essen kann.«
Der Floh brach auf, und die Laus kochte die Suppe. Doch als sie sie kosten wollte, o weh, da fiel sie in den Kochtopf! Ach, sie krabbelte, krabbelte, krabbelte – aber sie kam nicht heraus. Als sie so, völlig verzweifelt, immer weiter krabbelte, kam der Floh aus der Stadt nach Hause.
»Laus! Laus! Wo bist du?«
Aber die Laus antwortete nicht.
Der Floh suchte sie im ganzen Hause, aber die Laus war nirgends zu finden.
Da setzte sich der Floh auf die Schwelle des Hauses und fing an zu weinen.
Ein Hund lief vorbei.
»Was hast du denn, Floh, warum weinst du so?«
»Ach«, sagte der Floh, »die Laus ist tot, und ich weine.«
»Die Laus ist tot, und du weinst«, sagte der Hund, »na gut, dann werde ich bellen.«
Und der Hund bellte, bellte, bellte …
Ein Karren fuhr vorüber.
»Was hast du denn, Hund, warum bellst du so?«
»Ach«, sagte der Hund, »die Laus ist tot, der Floh weint, und ich belle.«
»Ach, so stehen die Dinge«, sagte der Karren, »na gut, dann werde ich rückwärts fahren.«

Und der Karren fuhr rückwärts, fuhr rückwärts, fuhr so lange rückwärts, bis er gegen einen Baum stieß.

»Was hast du denn, Karren, warum fährst du rückwärts?«

»Ach«, sagte der Karren, »die Laus ist tot, der Floh weint, der Hund bellt, und ich fahre rückwärts.«

»Ach, so stehen die Dinge«, sagte der Baum, »na gut, dann werde ich mich ganz klein machen.«

Und der Baum machte sich ganz klein, ganz klein.

Aber auf dem Baum saß ein Vogel.

»Was hast du denn, Baum, warum machst du dich so klein?«

»Ach«, sagte der Baum, »die Laus ist tot, der Floh weint, der Hund bellt, der Karren fährt rückwärts, und ich mache mich ganz klein.«

»Ach, so stehen die Dinge«, sagte der Vogel, »na gut, dann werde ich meine Federn abwerfen.«

Und der Vogel riß sich seine Federn eine nach der anderen aus und ließ sie fallen.

Da ging ein kleiner Junge vorüber, der vom Milchholen kam.

»Was hast du denn, Vogel, warum reißt du dir alle Federn aus?«

»Ach«, sagte der Vogel, »die Laus ist tot, der Floh weint, der Hund bellt, der Karren fährt rückwärts, der Baum macht sich ganz klein, und ich werfe meine Federn ab.«

»Ach, so stehen die Dinge«, sagte der kleine Junge, »na gut, dann werde ich meinen Krug an dem großen Stein dort zerschlagen.«

Und krach! krach! da war der Krug zerbrochen, und die Milch lief aus.

Aber da kam die Mutter, die ihrem kleinen Jungen entgegengegangen war.

Sie sah den zerbrochenen Krug und die verschüttete Milch ...

»Was hast du denn mit meinem Krug gemacht, kleiner Schlingel?«

»Ach«, sagte der kleine Junge, »die Laus ist tot, der Floh

weint, der Hund bellt, der Karren fährt rückwärts, der Baum macht sich ganz klein, der Vogel wirft seine Federn ab, und ich habe den Krug zerbrochen.«
»Ach, so stehen die Dinge«, sagte die Mutter, »na gut, dann werde ich dir eine kräftige Ohrfeige geben.«
Voller Wut über die Ohrfeige, nahm der kleine Junge einen Stein und warf ihn nach dem Vogel, der Vogel hackte mit dem Schnabel nach dem Baum, der Baum stieß den Karren zurück, der Karren rollte dem Hund über die Pfote, der Hund biß den Floh mitten durch.
Während all dies geschah, war die Laus endlich mühselig aus dem Kochtopf herausgekrabbelt.
»Uff – heiß war es in dem Topf. Ich will vor die Tür gehen und ein bißchen frische Luft schöpfen.«
Da erblickte sie den toten Floh.
»Oh«, sagte sie, »der Floh ist tot – da kann ich ja die Suppe ganz allein essen!«
Damit ist das Märchen zu Ende – sieh, da ist ein Ei, schlag es an der Schwelle auf, du kriegst die Schale, und ich schlürfe das Innere …

Wallonisches Märchen.
Aus: Rund um die Welt. Berlin 1956.

Der Floh – märchenhaft II

Läuschen und Flöhchen

Ein Läuschen und ein Flöhchen, die lebten zusammen in einem Haushalte und brauten das Bier in einer Eierschale. Da fiel das Läuschen hinein und verbrannte sich. Darüber fing das Flöhchen an, laut zu schreien. Da sprach die kleine Stubentüre: »Was schreist du, Flöhchen?« »Weil Läuschen sich verbrannt hat.«

Da fing das Türchen an zu knarren. Da sprach ein Besenchen in der Ecke: »Was knarrst du, Türchen?« »Soll ich nicht knarren?

Läuschen hat sich verbrannt,
Flöhchen weint.«

Da fing das Besenchen an, entsetzlich zu kehren. Da kam ein Wägelchen vorbei und sprach: »Was kehrst du, Besenchen?« »Soll ich nicht kehren?

Läuschen hat sich verbrannt,
Flöhchen weint,
Türchen knarrt.«

Da sprach das Wägelchen: »So will ich rennen«, und fing an, entsetzlich zu rennen. Da sprach das Mistchen, an dem es vorbeirannte: »Was rennst du, Wägelchen?« »Soll ich nicht rennen?

Läuschen hat sich verbrannt,
Flöhchen weint,
Türchen knarrt,
Besenchen kehrt.«

Da sprach das Mistchen: »So will ich entsetzlich brennen«, und fing an, in hellem Feuer zu brennen. Da stand ein

Bäumchen neben dem Mistchen, das sprach: »Mistchen, warum brennst du?« »Soll ich nicht brennen?

Läuschen hat sich verbrannt,
Flöhchen weint,
Türchen knarrt,
Besenchen kehrt,
Wägelchen rennt.«

Da sprach das Bäumchen: »So will ich mich schütteln«, und fing an, sich zu schütteln, daß alle seine Blätter abfielen. Das sah ein Mädchen, das mit seinem Wasserkrügelchen herankam, und sprach: »Bäumchen, was schüttelst du dich?« »Soll ich mich nicht schütteln?

Läuschen hat sich verbrannt,
Flöhchen weint,
Türchen knarrt,
Besenchen kehrt,
Wägelchen rennt,
Mistchen brennt.«

Da sprach das Mädchen: »So will ich mein Wasserkrügelchen zerbrechen«, und zerbrach das Wasserkrügelchen. Da sprach das Brünnlein, aus dem das Wasser quoll: »Mädchen, was zerbrichst du dein Wasserkrügelchen?« »Soll ich mein Wasserkrügelchen nicht zerbrechen?

Läuschen hat sich verbrannt,
Flöhchen weint,
Türchen knarrt,
Besenchen kehrt,
Wägelchen rennt,
Mistchen brennt,
Bäumchen schüttelt sich.«

»Ei«, sagte das Brünnchen, »so will ich anfangen zu fließen«, und fing an, entsetzlich zu fließen. Und in dem Wasser ist alles ertrunken, das Mädchen, das Bäumchen, das Mistchen, das Wägelchen, das Besenchen, das Türchen, das Flöhchen, das Läuschen, alles miteinander.

Aus: Brüder Grimm: Kinder- und Hausmärchen. Stuttgart 1997.

Der Floh – märchenhaft III

Die Springer

Der Floh, der Grashüpfer und der Hüpfauf* wollten einmal sehen, wer von ihnen am höchsten springen könnte. Da luden sie die ganze Welt und wer sonst noch kommen wollte ein, die Pracht mit anzusehen. Es waren drei tüchtige Springer, die sich im Zimmer versammelten.
»Ich gebe meine Tochter dem, der am höchsten springt!« sagte der König. »Denn es wäre zu armselig, wenn diese Personen umsonst springen sollten.«
Der Floh trat zuerst vor; er hatte sehr nette Manieren und grüßte nach allen Seiten, denn er hatte Fräuleinblut in den Adern und war gewohnt, nur mit Menschen umzugehen, und das macht sehr viel aus.
Dann kam der Grashüpfer, der war freilich bedeutend schwerer, aber er hatte doch eine ganz gute Figur und trug eine grüne Uniform, die ihm angeboren war. Überdies sagte er, daß er im Lande Ägypten einer sehr alten Familie angehöre und daß er dort hochgeschätzt werde. Er sei vom Felde genommen und in ein Kartenhaus gesetzt worden, das drei Etagen habe, alle aus Kartenfiguren, die ihre bunte Seite nach innen gekehrt hätten. Da seien Türen und Fenster, und zwar im Leibe der Herzdame ausgeschnitten. »Ich singe so«, sagte er, »daß sechzehn eingeborene Heimchen, die von klein auf gepfiffen und doch kein Kartenhaus erhalten hatten, sich, als sie mich hörten, noch dünner ärgerten, als sie schon waren!«

* Ein Kinderspielzeug aus einem fleischlosen Gänsebrustknochen, nach Art der hölzernen Springfrösche gemacht.

Alle beide, der Floh und der Grashüpfer, taten gehörig kund, wer sie waren, und daß sie glaubten, wohl eine Prinzessin besitzen zu können.
Der Hüpfauf sagte nichts, aber man erzählte von ihm, daß er desto mehr dächte; und der Hofhund, der ihn nur beschnüffelt hatte, stand dafür ein, daß der Hüpfauf aus guter Familie sei. Der alte Ratsherr, der drei Orden für das Stillschweigen erhalten hatte, versicherte, er wisse, daß der Hüpfauf mit Weissagungskraft begabt sei; man könne an seinem Rücken sehen, ob man einen milden oder einen strengen Winter bekomme, und das kann man nicht einmal auf dem Rücken desjenigen sehen, der den Kalender schreibt.
»Ich sage nun nichts mehr«, sagte der alte König, »ich gehe nur immer so und denke mir mein Teil!«
Nun galt es also, den Sprung zu tun. Der Floh sprang so hoch, daß niemand es sehen konnte, und da behaupteten sie, daß er gar nicht gesprungen sei. Das war doch nichtswürdig!
Der Grashüpfer sprang nur halb so hoch, aber er sprang dem König ins Gesicht, und dieser sagte, das sei abscheulich.
Der Hüpfauf stand lange still und besann sich; am Ende glaubte man, daß er nicht springen könne.
»Wenn ihm nur nicht schlecht geworden ist!« sagte der Hofhund, und dann beschnüffelte er ihn wieder. Hopp, da sprang er mit einem kleinen schiefen Sprunge in den Schoß der Prinzessin hinein, die auf einem niedrigen Goldschemel saß.
Da sagte der König: »Der höchste Sprung ist der, zu meiner Tochter hinaufzuspringen, denn darin liegt das Feine, aber es gehört Köpfchen dazu, darauf zu kommen. Und der Hüpfauf hat gezeigt, daß er Köpfchen hat. Er hat den Kopf auf dem rechten Fleck!«
Und so bekam er die Prinzessin.
»Ich sprang doch am höchsten!« sagte der Floh. »Aber es ist einerlei! Laß sie nur den Gänseknochen mit Stock und

Pech nehmen. Ich sprang doch am höchsten! Aber es gehört in dieser Welt ein Körper dazu, damit man gesehen werden kann.«

Und darauf ging der Floh in fremde Kriegsdienste, wo er, wie man sagt, erschlagen worden sein soll.

Der Grashüpfer setzte sich draußen in den Graben und dachte darüber nach, wie es eigentlich in der Welt zugehe, und er sagte auch: »Körper gehört dazu! Körper gehört dazu!«

Und dann sang er sein eigenes trübseliges Lied, dem wir die Geschichte entnommen haben, die doch wohl erlogen sein könnte, wenn sie auch gedruckt ist.

Aus: Hans-Christian Andersen: Märchen und Geschichten. Übersetzt von Eva-Maria Blühm. Leipzig 1987. – © Sammlung Dieterich Verlagsgesellschaft mbH, Leipzig; 1953, 1992.

Der Floh und der Professor

Es war ein Luftschiffer, dem ging es schief, der Ballon platzte, der Mann plumpste herunter und schlug sich in Stücke. Seinen Jungen hatte er zwei Minuten vorher mit dem Fallschirm hinuntergeschickt, das war dessen Glück; er blieb heil und wußte eine Menge darüber, wie man Luftschiffer wird, aber er hatte keinen Ballon und keine Mittel, sich einen anzuschaffen.

Leben mußte er, und so verlegte er sich auf Geschicklichkeitskünste und darauf, mit dem Bauch reden zu können; das nennt man Bauchredner. Jung war er, und gut sah er aus, und als er einen Schnurrbart kriegte und in gute Kleider kam, konnte man ihn für ein Grafenkind halten. Die Damen fanden ihn hübsch, ja eine Jungfer war so hingerissen von seiner Schönheit und seiner Geschicklichkeitskunst, daß sie ihn begleitete in fremde Städte und Länder; da nannte er sich Professor, darunter tat er es nicht.

Sein ständiger Gedanke war es, sich einen Luftballon zu besorgen und mit seiner kleinen Frau in die Luft zu gehen, aber sie hatten noch nicht die Mittel.

»Die kommen!« sagte er.

»Wenn sie bloß wollten!« sagte sie.

»Wir sind doch junge Leute! und jetzt bin ich Professor. Auch Krümel sind Brot!«

Sie half ihm treu, saß an der Tür und verkaufte Billetts für die Vorstellung, und das war ein kaltes Vergnügen im Winter. Sie half ihm auch bei einem Kunststück. Er steckte seine Frau in die Tischschublade, eine große Tischschub-

lade; da kroch sie hinein in die hintere Schublade, und dann war sie in der Vorderschublade nicht zu sehen; das war, als wären die Augen geblendet.
Aber eines Abends, als er die Schublade aufzog, da war sie auch für ihn weg; sie war nicht in der Vorderschublade, nicht in der Hinterschublade, nicht im ganzen Haus, nicht zu sehen, nicht zu hören. Das war *ihre* Geschicklichkeitskunst. Sie kam nie wieder; sie war es leid, und er litt daran, verlor seine gute Laune, konnte nicht mehr lachen und Faxen machen, und so kamen keine Leute mehr; die Einkünfte wurden schlecht, die Kleider wurden schlecht; er besaß zuletzt nur einen großen Floh, ein Erbstück von seiner Frau, und darum hing er so daran. Den dressierte er also, brachte ihm Geschicklichkeitskünste bei, brachte ihm bei, wie man das Gewehr präsentiert und eine Kanone abfeuert, aber alles ganz klein.
Der Professor war stolz auf den Floh, und der war stolz auf sich selbst; er hatte was gelernt und hatte Menschenblut in sich und war in den größten Städten gewesen, war von Prinzen und Prinzessinnen gesehen worden, hatte ihren allerhöchsten Beifall gewonnen. Das stand gedruckt in Zeitungen und auf Plakaten. Er wußte, er war eine Berühmtheit und konnte einen Professor, ja eine ganze Familie ernähren.
Stolz war er und berühmt war er, und doch, wenn er und der Professor reisten, dann fuhren sie in der Eisenbahn vierter Klasse; die kommt genauso schnell an wie die erste. Es war ein stillschweigendes Versprechen, daß sie sich nie trennen wollten, sich nie verheiraten wollten, der Floh wollte Junggeselle bleiben und der Professor Witwer. Das geht genau auf.
»Wo man den größten Erfolg hat«, sagte der Professor, »dahin soll man nicht zweimal gehen!« Er war ein Menschenkenner, und das ist auch eine Art von Wissen.
Zuletzt hatte er alle Länder bereist, bis auf das Land der Wilden; und da wollte er ins Land der Wilden; dort fressen sie zwar Christenmenschen, wie der Professor wußte,

aber er selbst war kein richtiger Christ, und der Floh war kein richtiger Mensch, also meinte er, sie könnten sich wohl trauen, dahin zu reisen und einen guten Verdienst zu machen.
Sie reisten per Dampfschiff und per Segelschiff; der Floh machte seine Kunststücke, und so hatten sie freie Reise unterwegs und kamen ins Land der Wilden.
Hier regierte eine kleine Prinzessin, sie war erst acht, aber sie regierte; sie hatte Vater und Mutter die Macht genommen, denn sie hatte einen Willen und war so unvergleichlich liebreizend und ungezogen.
Gleich als der Floh das Gewehr präsentierte und die Kanone abfeuerte, war sie so eingenommen von dem Floh, daß sie sagte: »Den oder keinen!« Sie wurde ganz wild vor Liebe, und war doch vorher schon wild.
»Süßes, kleines, vernünftiges Kind!« sagte ihr lieber Vater, »könnte man nicht erst einen Menschen aus ihm machen?«
»Das laß nur meine Sache sein, Alter!« sagte sie, und das war nicht nett gesagt von einer kleinen Prinzessin, die mit ihrem Vater spricht, aber sie war eben wild.
Sie setzte den Floh auf ihre kleine Hand.
»Jetzt bist du ein Mensch, mein Mitregent; aber du mußt tun was ich will, sonst schlage ich dich tot und verspeise den Professor.«
Der Professor kriegte einen großen Saal zum Wohnen. Die Wände waren aus Zuckerrohr, da konnte er hergehen und daran lecken, aber er war kein Leckermaul. Er kriegte eine Hängematte zum Schlafen, das war, als ob er in dem Luftballon läge, den er sich immer gewünscht hatte und der sein ständiger Gedanke war.
Der Floh blieb bei der Prinzessin, saß auf ihrer kleinen Hand und auf ihrem feinen Hals. Sie hatte ein Haar von ihrem Kopf genommen, das mußte der Professor dem Floh um das Bein binden, und dann hielt sie ihn angebunden an das große Korallenstück, das sie im Ohrläppchen trug.
Was war das für eine schöne Zeit für die Prinzessin, für den

Floh auch, dachte sie; aber der Professor fühlte sich unzufrieden, er war ein Reisemensch, zog gern von Stadt zu Stadt, las in den Zeitungen von seiner Ausdauer und dem Scharfsinn, mit dem er einem Floh alle menschlichen Tätigkeiten beibrachte. Tagaus und tagein lag er in der Hängematte, faulenzte und kriegte sein gutes Essen: frische Vogeleier, Elefantenaugen und gebratene Giraffenschenkel; die Menschenfresser leben nicht nur von Menschenfleisch, das ist eine Delikatesse; »Kinderschulter in scharfer Sauce«, sagte die Prinzessinnenmutter, »ist das delikateste.«

Der Professor langweilte sich und wollte gern fort aus dem Land der Wilden, aber den Floh mußte er dabeihaben, der war sein Wunder und Lebensunterhalt. Wie sollte er den fangen und festhalten? Das war gar nicht so leicht.

Er spannte alle seine Denkfähigkeiten an, und dann sagte er: »jetzt hab ich's!«

»Prinzessinnenvater: erlaube mir eine Beschäftigung! Darf ich die Einwohner dieses Landes im Präsentieren üben? *das* ist es, was man in den größten Ländern der Welt Bildung nennt!«

»Und was kannst du mir beibringen?« fragte der Prinzessinnenvater.

»Mein größtes Kunststück«, sagte der Professor. »Eine Kanone abzufeuern, daß die ganze Erde bebt und alle lekkeren Vögel des Himmels gebraten herunterfallen! Das knallt richtig!«

»Bring mir die Kanone!« sagte der Prinzessinnenvater.

Aber im ganzen Land war keine Kanone aufzutreiben bis auf die, die der Floh mitgebracht hatte, und die war zu klein.

»Ich gieße eine größere!« sagte der Professor. »Gib mir die Mittel dazu! Ich muß feines Seidenzeug haben, Nadel und Faden, Taue und Leinen, dazu Magentropfen für Luftballons, die blähen, erleichtern und erheben; das gibt den richtigen Knall im Kanonenbauch.«

Alles was er verlangte kriegte er.

Das ganze Land kam zusammen, um die große Kanone zu sehen. Der Professor rief nicht, bevor er den Ballon ganz zum Füllen und Abheben fertiggemacht hatte.
Der Floh saß bei der Prinzessin auf der Hand und schaute zu. Der Ballon wurde gefüllt, er schwoll an und war kaum zu halten, so wild war er.
»Ich muß ihn in die Luft bekommen, daß er abkühlen kann«, sagte der Professor und setzte sich in den Korb, der darunter hing. »Allein schaff ich's nicht, ihn zu steuern. Ich muß einen kundigen Kameraden dabeihaben, der mir helfen kann. Hier ist keiner, der das kann, bis auf den Floh!«
»Ich erlaube es ungern!« sagte die Prinzessin, aber sie reichte den Floh doch dem Professor, der ihn auf seine Hand setzte.
»Leinen und Taue los!« sagte er. »Ballon ab!«
Sie glaubten, er hätte gesagt: »Kanon ab!«
Und dann ging der Ballon ab, höher und höher, über die Wolken hinauf, fort von dem Land der Wilden.
Die kleine Prinzessin, ihr Vater und ihre Mutter, das ganze Volk dazu, standen da und warteten. Sie warten noch immer, und wenn du das nicht glaubst, dann fahr doch ins Land der Wilden, da redet jedes Kind vom Floh und vom Professor und glaubt, daß sie wiederkommen, wenn die Kanone abgekühlt ist, aber die kommen nicht, die sind daheim bei uns, die sind in ihrem Vaterland, fahren mit der Eisenbahn, erster Klasse, nicht vierter; die haben ein gutes Einkommen, einen großen Ballon. Keiner fragt, wie sie den Ballon gekriegt haben, oder woher sie ihn haben, das sind gemachte Leute, respektable Leute, der Floh und der Professor.

Aus: Hans-Christian Andersen: Schräge Märchen. Ausgesucht und aus dem Dänischen übertragen von Heinrich Detering. Frankfurt am Main 1996.

Der Floh – gigantisch

Alexander der Große, dessen Taten und Reisen im Alexanderroman märchenhaft erzählt werden, berichtet in einem Brief an seine Mutter und an Aristoteles von merkwürdigen Flöhen, die ihm im alten Orient angeblich begegnet sind. Auf seinem Eroberungszug erreichte er schließlich ein wildes Volk im fernen Osten:

Am folgenden Tage wollte ich zu ihren Höhlen gehen, und da fanden wir bei den Eingängen löwenähnliche Tiere angebunden, die waren dreiäugig. Wir sahen dort aber auch Flöhe springen, die waren so groß wie bei uns die Frösche.

In einer anderen der vielen Fassungen des Alexanderromans heißt dieselbe Passage:

Am folgenden Tage kamen wir zu ihren Höhlen, und da fanden wir bei den Eingängen große Tiere angebunden, ähnlich den Hunden, die bei uns Dandaker heißen, die waren vier Ellen lang, dreiäugig und gefleckt. Wir sahen dort aber auch Flöhe, so groß wie bei uns die Schildkröten, ein erdfarbenes, unruhiges Volk.

Noch größer werden die Flöhe bei Lukian, dem römischen Spötter. In seiner »Wahren Geschichte«, die nach eigenem Zeugnis jedoch vollständig erlogen ist, erzählt er von seiner Teilnahme an einem Kampf der Bewohner des Mondes gegen die Sonnenbewohner. Den Mondbewohnern kamen unter anderem dreißigtausend Psyllotoxoten vom Großen Bären zu Hilfe. Die Psyllotoxoten – das sind Floh-Bogenschützen – ritten auf großen Flöhen:

Die Größe der Flöhe ist ungefähr die von zwölf Elefanten.

Der Floh – märchenhaft V

Der Floh

Der Prinz und die Mohrin barsten fast vor Lachen über die Albernheit Vardiellos und bewunderten die Klugheit seiner Mutter, die seine einfältigen Streiche voraussah und wiedergutzumachen verstand. Nachdem jedoch das Schwatzen ein Ende genommen und Popa war aufgefordert worden, ihre Geschichte zu erzählen, begann sie folgendermaßen:

Ein unüberlegter Entschluß führt immer seine Züchtigung unvermeidlich nach sich; denn vorgetan und nachbedacht, hat manchen schon großes Leid gebracht; wie dies der König von Hochberg erfuhr, der durch eine Unüberlegtheit ohnegleichen einen erzdummen Streich beging, indem er seine Tochter und deren Ehre in die größte Gefahr stürzte. Als nämlich einmal der König von Hochberg von einem Floh gebissen wurde und er ihn hierauf mit ganz besonderer Geschicklichkeit gefangen hatte, bemerkte er, daß der Floh so hübsch und stattlich war, daß er sich ein Gewissen daraus hätte machen müssen, ihn auf dem Schafott des Nagels vom Leben zum Tode zu bringen. Er steckte ihn daher in eine Flasche, und indem er ihn alle Tage mit dem Blute seines eigenen Armes fütterte, wuchs der Floh so gedeihlich heran, daß er ein anderes Quartier beziehen mußte und nach Verlauf von sieben Monaten größer und feister wurde als ein Hammel. Da nun der König dies sah, ließ er ihm die Haut abziehen, dieselbe dann gehörig gerben und hierauf öffentlich ausrufen, daß, wer da wüßte, von was für einem Tiere das Fell sei, die Tochter des Königs zur Frau bekommen sollte.

Sobald diese Bekanntmachung ergangen war, strömten die Leute haufenweise herbei und kamen von allen Enden der Welt, um diese Preisfrage zu lösen und ihr Glück zu versuchen; der eine sagte, die Haut wäre von einer Meerkatze, der andere von einem Luchs, ein dritter von einem Krokodil und der von dem und jener von jenem Tiere; alle aber waren auf dem Holzwege, und keiner traf den Nagel auf den Kopf. Zuletzt jedoch meldete sich zu dieser Untersuchung auch ein wilder Mann, der das mißgeschaffenste Wesen auf der ganzen Welt schien, so daß schon dessen bloßer Anblick auch den Unerschrockensten in Zittern, Beben, Angst und Schrecken hätte versetzen können. Kaum war er nun angelangt und hatte die Haut gehörig beguckt und berochen, so traf er gleich das rechte auf ein Haar, indem er ausrief: »Dies ist die Haut des Großmeisters aller Flöhe!« Obwohl nun der König einsah, was für einen Bockstreich er gemacht, wollte er dennoch sein Wort nicht brechen und ließ seine Tochter Porziella herbeirufen. Diese hatte ein Gesicht wie Milch und Blut, war schlank wie eine Tanne, und wer sie sah, verschlang sie mit den Augen, so schön war sie! Zu ihr nun sagte der König: »Du weißt, liebe Tochter, was ich habe bekanntmachen lassen, und weißt auch, was für ein Wortsmann ich bin; kurz und gut, ich kann mich meinem Versprechen nicht entziehen; König oder Bettler, das Wort ist gegeben, und gehalten muß es werden, wenn mir auch dabei das Herz bricht; wer hätte aber auch denken können, daß dieses große Los einem wilden Manne zufallen würde? Da sich jedoch ohne den Willen des Himmels nicht einmal ein Blatt auf dem Baume rührt, so müssen wir glauben, daß diese Heirat zuerst dort oben und dann hier unten geschlossen worden ist. Habe also Geduld, sei ein gutes Kind und widersetze dich deinem Vater nicht; mein Herz sagt es mir voraus, daß du gute Tage haben wirst; denn schon oft sind unter einem Haufen roher Feldsteine große Schätze gefunden worden.«

Als Porziella diesen unseligen Beschluß vernahm, erloschen ihr die Augen, das Gesicht erblich, die Lippen erschlafften, die Beine zitterten, und sie war nahe daran, den Falken der Seele der Wachtel des Schmerzes nachsteigen zu lassen. Endlich brach sie jedoch in Tränen aus und sprach, ihre Stimme erhebend: »Was habe ich denn Böses verbrochen, daß du mich so hart büßen läßt? Worin habe ich mich denn gegen dich so sehr vergangen, daß du mich der Gewalt dieses Scheusals überlieferst? Unglückliche Porziella! Jetzt mußt du wie ein Wiesel der Kröte in den Rachen laufen, jetzt wie ein armes Lämmchen die Beute eines Werwolfes werden! Ist dies die Zuneigung, die du zu deinem Blute hegst? Dies die Liebe, die du für eine Tochter zeigst, welche dich immer den Augapfel ihrer Seele genannt hat? So reißest du dir *die* aus dem Herzen, welche ein Teil deiner selbst ist? So verstößt du *die,* welche die Freude deiner Augen ausmacht? O Vater, grausamer Vater, du bist gewiß nicht menschlichem Geschlecht entsprossen, sondern die Ungeheuer der Tiefe haben dich gezeugt und wilde Katzen dich gesäugt! Aber warum nenne ich Geschöpfe des Meeres und der Erde, da ja jedes Tier seine Jungen liebt? Nur dir allein ist dein Kind zuwider, nur du allein hassest und verabscheuest deine Tochter! Wieviel besser wäre es für mich gewesen, wenn meine Mutter mich erwürgt hätte, die Wiege mir zum Leichenbett, die Brust der Amme zum Giftbecher, die Windeln zum Strick und die Klapper, die man mir um den Hals hing, zum Mühlstein geworden wäre, da ich so unglücklich sein sollte, diesen unseligen Tag zu erleben und von Harpyienklauen geliebkost, von den Tatzen eines Bären umarmt, von den Hauern eines Schweines geküßt zu werden.«

Porziella wollte noch weiter in ihren Klagen fortfahren, als der König sie voller Zorn unterbrach und ausrief: »Nur nicht so bitter, denn der Zucker ist teuer, nur sachte, denn der Krug geht so lange zu Wasser, bis er bricht; halt ein, denn schon kommt Hefe; husch und muckse nicht mehr, denn wenn du es zu bunt machst, so kriegst du was aufs Maul; was ich tue ist wohlgetan; will das Küchlein klüger sein als die Henne? Mach ein Ende und halte deinen Mund und sieh dich vor, daß mir nicht die Galle steigt; denn wenn ich dich erst unter meine Hände kriege, so bleibt auch kein gesunder Fetzen an dir, und du mußt hier auf der Stelle ins Gras beißen! Du dumme Liese du, willst du die Hosen anhaben und deinem Vater Gesetze vorschreiben? Seit wann ist es Mode, daß ein Ding, das noch nicht trocken hinter den Ohren ist, sich meinem Willen widersetzt? Nun hurtig ihm die Hand gegeben, und jetzt gleich in diesem Augenblick mache dich auf den Weg nach seinem Hause; denn ich will auch keine Minute länger so eine unverschämte, freche Krabbe vor meinen Augen haben!«

Als nun die unglückliche Porziella sah, daß sie keine Wahl weiter hatte, faßte sie mit dem Gesicht eines armen Sünders, mit den Augen eines Besessenen, mit dem Munde eines, der Teufeldreck gegessen, mit dem Herzen eines, der sich zwischen Block und Beil befindet, den wilden Mann bei der Hand und wurde von ihm ohne irgendeine andere Begleitung in einen Wald geschleppt, wo die Bäume die Flur überdachten, damit sie nicht von der Sonne entdeckt würde, die Bäche darüber wimmerten, daß sie, gezwungen im Dunkeln zu gehen, sich an die Steine stießen, die wilden Tiere, ohne Eintrittsgeld zu zahlen, sich unterhielten und sicher im Dickicht umherstreiften und wo nie ein Mensch hingelangte, wenn er nicht den Weg verloren hatte. An diesem Orte nun, der schwarz war wie ein ungefegter Schornstein und entsetzlich wie das Antlitz der Hölle, befand sich das Haus des wilden Mannes, inwendig mit Knochen von Menschen, die er aufgefressen, überall austapeziert. Nun denke sich eine ehrliche Christenseele, wie der armen Porziella zumute wurde, das Zittern und Beben, die Herzensangst, die Furcht, den Schrecken, das Entsetzen und das Grauen, welches das arme Mädchen empfand; fürwahr, auch kein Tropfen Blut blieb ihr in den Adern. Dies war aber noch gar nichts, noch nicht der tausendste Teil im Vergleich zu dem, was noch kommen sollte, denn zum Frühstück gab's Erbsen und zum Abendbrot Bohnen mit Schnecken. Der wilde Mann ging daher auf die Jagd und kehrte ganz beladen mit Vierteln geschlachteter Menschen zurück, worauf er sagte: »Du kannst dich nun nicht mehr beklagen, daß ich dich nicht gehörig füttere; hier hast du einen gehörigen Vorrat von Lebensmitteln, nimm und schmause und habe mich lieb; denn eher soll der Himmel auf die Erde fallen, ehe ich es dir an Speise und Trank fehlen lasse!« Die arme Porziella jedoch fing an, sich zu übergeben wie eine schwangere Frau, und kehrte ihr Gesicht nach der anderen Seite weg. Als der wilde Mann dies bemerkte, rief er aus: »Dies heißt wahrhaftig, den Schweinen Perlen vorwerfen! Das hat aber nichts zu sagen, gedulde dich nur bis morgen früh; denn ich bin zu einer Jagd auf wilde Schweine eingeladen worden und werde dir ein paar mitbringen, dann wollen wir mit unseren Vettern einen tüchtigen Hochzeitsschmaus veranstalten, um unser Beilager mit größter Lust zu feiern«; so sprechend, begab er sich in den Wald.

Indem nun Porziella in Tränen gebadet am Fenster stehenblieb, kam zufällig eine alte Frau bei dem Hause vorüber, welche, von einem heftigen Hunger geplagt, Porziella um etwas zu essen bat, worauf diese erwiderte: »Ach, liebe Frau, Gott fürwahr weiß, daß ich mich in der Gewalt des ärgsten Teufels befinde, der mir nichts anderes ins Haus bringt als Menschenviertel und Stücke von Erschlagenen, so daß ich selbst nicht begreife, wie ich diesen grauenhaften Anblick nur ertragen kann, und das elendste Leben verbringe, das jemals eine Christenseele verbracht hat, und doch bin ich eine Königstochter, habe alle Tage Speck mit Klößen gegessen und alle Tage meines Lebens in Hülle und Fülle zugebracht«; und während sie so sprach, fing sie an zu weinen wie ein Kind, dem man das Vesperbrot nimmt, so daß es die alte Frau jammerte und sie sagte: »Sei guten Mutes, mein schönes Kind, zerstöre dir deine Schönheit nicht durch Weinen; denn deine Rettung ist gewiß, und ich bin bereit, nach Kräften dazu beizutragen. Jetzt aber höre wohl zu, was ich dir sage, ich habe sieben Söhne, wie die Eichen, wie die Riesen, Mase, Nardo, Cola, Micco, Petrullo, Ascaddeo und Ceccone, welche mehr können als Brot essen, und besonders Mase, der immer, wenn er sich mit dem Ohr auf die Erde legt, alles, was dreißig Meilen davon geschieht, auf das genaueste hört und erkundet; Nardo macht jedesmal, wenn er spuckt, ein großes Seifenmeer; Cola macht jedesmal, wenn er ein Stückchen Eisen hinwirft, ein Feld von geschliffenen Schermessern; Micco, wenn er ein Spänchen hinwirft, macht einen dichten Wald; Petrullo macht immer, wenn er einen Wasserstrahl auf die Erde spritzt, einen gewaltigen Strom; immer, wenn Ascaddeo einen Stein hinwirft, so steht mit einemmal ein sehr fester Turm da, und Ceccone schießt mit der Armbrust so genau, daß er auf eine Meile weit das Auge eines Huhnes trifft. Mit Hilfe dieser meiner Söhne also, die sehr freundlich und dienstfertig sind und Mitleid mit dir haben werden, will ich mir Mühe geben, dich aus den Klauen des wilden Mannes zu befreien; denn dieser leckere Bissen ist nicht für den Hals eines solchen Ungeheuers.«

»Was du tun willst, tue bald«, erwiderte Porziella, »denn das Scheusal von meinem Manne ist jetzt gerade nicht zu Hause, so daß wir Zeit hätten, uns auf die Beine zu machen und Reißaus zu nehmen.« – »Das ist heute abend nicht mehr möglich«, versetzte die Alte, »denn ich wohne gar sehr weit von hier. Doch verlasse dich darauf, daß morgen früh ich und meine Söhne miteinander hier sein werden, um dich aus deiner Not zu erretten.«

Nach diesen Worten ging sie fort, und Porziella brachte die Nacht mit freudigem Herzen zu. Sobald nun die Vögelein der Sonne ein »Vivat hoch« zu bringen anfingen, da erschien auch die Alte mit ihren sieben Söhnen, und mit Porziella in ihrer Mitte, machten sie sich auf den Weg nach der Stadt. Sie waren aber noch keine halbe Meile weit entfernt, als Mase, sich mit dem Ohr auf die Erde legend, ausrief: »Heda, holla, aufgepaßt, der Fuchs kommt. Der wilde Mann, weil er seine Frau bei seiner Nachhausekunft nicht gefunden, jagt uns jetzt spornstreichs nach.« Kaum vernahm dies Nardo, so spie er auf die Erde und machte ein Seifenmeer. Als nun der wilde Mann an dasselbe gelangte und diese Seifensiederei sah, so lief er rasch nach Hause zurück, nahm einen Sack mit Kleie und streute sich dieselbe immerfort so lange vor die Füße, bis er mit großer Mühe dieses Hindernis überwunden hatte.

Mase aber legte sich von neuem mit dem Ohr auf die Erde und rief: »Vorgesehen, Freunde, jetzt kommt er«; worauf Cola ein Stückchen Eisen auf die Erde warf, und sogleich kam ein Feld mit Schermessern zum Vorschein. Der wilde Mann jedoch, der sich auf diese Weise den Paß verrannt sah, lief noch einmal nach Hause, bedeckte sich von Kopf zu Fuß mit Eisen, so daß er, zurückgekehrt, auch über diesen Aufenthalt wegkam. Mase aber legte sich von neuem mit dem Ohr auf die Erde und rief: »Hurtig, hurtig ins Gewehr! Der wilde Mann wird bald hier sein; denn er läuft so rasch, als wenn er Flügel hätte«; worauf Micco alsbald durch seinen Span mit einemmal einen ganz entsetzlichen, undurchdringlichen Wald hervorwachsen ließ. Kaum jedoch langte der wilde Mann an diesem schwierigen Paß an, so ergriff er ein Jagdmesser, welches er an seiner Seite hängen hatte, und fing an, rechts und links Eichen und Pappeln niederzuhauen und hier Tannen, dort Fichten auf die Erde zu strecken, so daß er mit vier oder fünf Streichen den ganzen Wald weggeräumt hatte. Mase aber, der die Ohren steifhielt, erhob seine Stimme von neuem und rief: »Wir müssen machen, daß wir fortkommen; denn der wilde Mann jagt heran, so rasch wie ein Vogel, und schon seh' ich ihn hinter uns«, worauf Petrullo, sobald er dies wahrnahm, aus einer Quelle, die aus steinerner Schale ihre Wasserstrahlen emporsandte, einen Schluck Wasser in den Mund nahm, ihn auf die Erde spritzte und auf der Stelle einen breiten Strom zum Vorschein brachte. Als der wilde Mann diesen neuen Querstrich sah und wahrnahm, daß er nicht so bald ein Loch machte, als jene es auch schon wieder zustopften, so zog er sich splitternackt aus und schwamm mit den Kleidern auf dem Kopfe an das andere Ufer hinüber. Mase, der überallhin horchte, vernahm die Fußtritte des wilden Mannes und sagte: »Mit unseren Sachen fängt es an, schlecht zu stehen; denn schon höre ich das Stampfen seiner Füße so nahe, daß der Himmel uns helfen möge. Doch wollen wir aufpassen und diesem Sturm Trotz bieten; wenn nicht, so ist es mit uns vorbei.« – »Seid ganz ohne Furcht«, sprach Ascaddeo, »ich werde dem Lumpenhund schon zeigen, mit wem er es zu tun hat«, und während er dies sagte, warf er einen Stein auf die Erde, worauf plötzlich ein Turm dastand, in welchem sie ohne Zaudern Zuflucht suchten, indem sie die Tür desselben hinter sich verrammelten. Sobald aber der wilde Mann anlangte und sah, daß sie sich in Sicherheit gebracht hatten, lief er nach Hause, ergriff eine Winzerleiter und eilte mit dieser auf den Schultern zum Turm zurück. Mase, der immer die Ohren spitzte, hörte von fern die Ankunft des wilden Mannes und sprach: »Jetzt sind wir mit unseren Hoffnungen ganz und gar zu Ende; auf Ceccone beruht die letzte Zuflucht unseres Lebens; denn der wilde Mann kommt wieder, und zwar voller Wut. Das Herz pocht mir schon vor Furcht, und ich sehe bereits voraus, wie schlimm es uns ergehen wird.« – »Du machst dir wohl schon vor Angst in die Hosen«, erwiderte Ceccone, »laß du mich nur sorgen und gib acht, was für ein Kerl ich bin.« Während er dies sagte, legte der wilde Mann bereits die Leiter an und fing an hinaufzuklettern; Ceccone aber zielte scharf und traf ihn mit einem Bolzen dergestalt, daß jener wie eine Birne auf die Erde hinabpurzelte. Alsdann ging Ceccone hinaus und schnitt dem wilden Mann mit seinem eigenen Messer, welches er an der Seite trug, den Hals ab, als wäre er von Quarkkäse gewesen. Sie brachten hierauf den Kopf mit großer Freude zum König, welcher es schon hundertmal bereut hatte, daß er seine Tochter einem wilden Manne gegeben, und sich nun ganz glücklich fühlte, sie wiederzubekommen. Es dauerte auch nicht lange, so war für sie ein stattlicher Bräutigam gefunden, während der König nicht vergaß, die alte Frau nebst ihren sieben Söhnen, die seine Tochter aus einer so unglücklichen Lage errettet hatten, mit Reichtümern zu überhäufen. Zugleich aber erkannte er auch sein Vergehen gegen Porziella an, die er aus purem Eigensinn in eine solche Gefahr gestürzt, indem er törichterweise das Sprichwort vergaß:

MAN MUSS DEN TEUFEL NICHT AN DIE WAND MALEN.

Aus: Giambattista Basile: Das Pentameron. Erster Tag.

Der Floh – märchenhaft VI

Der große Floh.

Ihr mögt es nun glauben, oder nicht, aber es ist unzweifelhaft wahr, daß König Laurin einen zahmen Floh hatte und ihn so liebte, wie nur immer ein großer König einen großen Floh lieben kann.
Aber das verdiente besagter Floh auch, wie kein anderer, denn ohne allen Zweifel war er weitaus der gebildetste, schönste und größte, der jemals aus seinem Geschlecht hervorgegangen ist.
Das kam aber daher, daß seine Eltern und Ureltern auf indischen Elephanten gelebt und mit deren Blute auch ihre Weisheit und einen, freilich geringen Theil ihrer Größe eingesogen hatten.
Laurin ahnte nichts von dieser Vergangenheit, aber dennoch wendete er ihm alle Gunst zu, und hätte lieber die Hälfte seines Reiches, als diesen merkwürdigen Floh eingebüßt.
Aber welch ein Geschöpf war das auch!
Er war so zahm geworden, daß er schon längst kein Blut mehr trank, sondern Zuckerbrot aus der Hand des Königs annahm und vorzugsweise von Mäusemilch lebte, welche Laurin ihm täglich dreimal eigenhändig in einer goldnen Schaale darbrachte.
Außerdem gab er auf Verlangen die rechte oder linke Vorderpfote, konnte apportiren, über den Stock springen, auf den Hinterbeinen stehen, sich todt stellen, und noch viele andere solcher Künste.
Ihm fehlte nichts, als die Sprache.
Denken konnte er aber, und er dachte vieles und mancherlei, und hatte ganz eigene und absonderliche Gedanken,

obgleich sie niemand erfahren hat, denn es war in ganz Gnomenland keiner, der die Gedanken eines indischen Flohs errathen, oder seine ausdrucksvolle Zeichensprache verstanden hätte.
Da begab es sich eines Tages, daß er sich von seinem Sammetkissen erhob und auf das Fenstergesimse sprang, um sich allda die Sonne auf den braunen Pelz brennen zu lassen und philosophischen Betrachtungen nachzuhängen.
Er sehnte sich dannach, eine Seele zu finden, welche durchaus fähig gewesen wäre, den Schwung seines Geistes und die Tiefe seines Gemüthes recht zu begreifen und zu würdigen, denn dazu reichte eines Gnomen Fassungsvermögen doch bei Weitem nicht aus.
Er und Laurin bewunderten und liebten sich wohl einander, aber weit entfernt waren sie von jener Freundschaft, die, als unerreichbares Ideal, in des gemüthvollen Indiers Herzen ruhte.
Schon hatte er eine ganze Weile am Fenster gesessen und nachdenklich in die blaue Luft hinauf gestarrt, als plötzlich hinter ihm ein so markerschütternder Schrei laut wurde, daß er aufs äußerste erschrack und mechanisch mit einem Riesensprung, über den Palasthof hinweg, ins Freie setzte.
Dieser Schrei hatte folgende Veranlassung.
Ein alter, adliger Gnom hatte seine hübsche, junge Tochter Tags zuvor bei der Königin als Hofdame angebracht.
Laurin interessirte sich für das Schöne in jeder Gestalt, und so war es natürlich, daß ihm auch die schöne Hofdame nicht durchaus gleichgiltig war.
Er hatte sie auf der Treppe angetroffen, ihr galant den Arm geboten, und sie aufgefordert, ihm nach seinem Kabinet zu folgen, allwo er ihr ganz etwas absonderliches zeigen wolle.
Wer weiß, was das Gänschen vom Lande dabei denken mochte!
Sie erröthete, legte zögernd ihren Arm in den henkelförmig dargebotenen des Königs und begleitete ihn schüch-

tern nach jenem Kabinet, von dem sie wußte, daß es für gewöhnlich allen profanen Augen verschlossen war.
Erstaunt blickte sie auf die Pracht und den unermeßlichen Reichthum, mit welchem das kleine Zimmer ausgestattet war.
Sie blickte noch immer rückwärts, als sie schon mit dem König am Fenster stand.
Dieser gedachte, den Floh seine Kunststücke ausführen zu lassen, und wendete deshalb mit dem Zeigefinger das schöne Köpfchen seiner Begleiterin herum.
Es gibt so unüberwindliche Abneigungen, daß es selbst in des Königs allerhöchster Gegenwart unmöglich ist, sie zu unterdrücken.
Zu allem Unglück hatte nun die schöne Hofdame einen so grenzenlosen und unbeschreiblichen Widerwillen gegen alle Flöhe, daß sie unfehlbar ihre Krämpfe bekam, wenn sie solch ein harmloses Thierchen nur von weitem, ja selbst nur abgebildet, erblickte.
Man stelle sich also ihren Schrecken vor, als unmittelbar vor ihren Augen ein so unglaublich großer Floh saß, wie sie selbst in ihren schrecklichsten Träumen noch keinen gesehen hatte.
Mit aller Kraft ihrer Lungen stieß sie einen so fürchterlichen Schrei aus, wie ihn nur die entsetzlichste Verzweiflung auspressen kann, und fiel sofort in ihre Krämpfe.
Als Laurin den Floh dahinspringen sah, vergaß er alle Regeln der Galanterie, stürzte wie besessen auf den Hausflur, läutete alle Bedienten zusammen, und befahl ihnen, sofort seinen Liebling einzufangen.
Ja, er setzte dem Glücklichen, der ihn bringen würde, die Summe von hundert Goldstücken als Belohnung aus.
Der Flüchtling saß unweit vom Schloßthore auf einem Grashalm.
Eben dachte er darüber nach, ob sein Schreck nicht völlig grundlos gewesen, und ob es nicht das Beste sei, unverzüglich zurück zu hüpfen, als er von einem Wachtsoldaten bemerkt wurde.

Zunächst war dieser nicht wenig über einen so ungemein großen Floh erschrocken.
Weil er aber gedachte, es müsse ein sonderlich gutes Werk sein, vom Erdboden hinweg ein so grausames Vieh zu vertilgen, so fällte er alsbald seine Pike, rückte herzhaft näher, und stach danach.
Aber noch zu rechter Zeit durchschaute der Floh solche Absicht, und verschwand mit wenigen Sätzen aus dem Gesichtskreise der Wache.
Es mochte ihm wohl von seinem Aufenthalt in Indien her bekannt sein, daß Fürstengunst gemeiniglich nicht allzulange währt.
Wenigstens kam ihm plötzlich der Gedanke, er sei bei Laurin in Ungnade gefallen.
Darin wurde er noch bestärkt, als er auf eine blühende Königskerze hinaufsprang, und von da aus beobachten konnte, daß zu allen Thüren des Schlosses lärmende Bediente hervorstürzten, offenbar in der Absicht, sich seiner zu bemächtigen, um ihn dann höchst wahrscheinlich ins Gefängniß zu werfen.
Darauf wollte er es nun auf keinen Fall ankommen lassen.
In mächtigen Sprüngen suchte er das Weite, und bald genug war er außerhalb jeder Gefahr.
Auf einer trostlos dürren Steppe hielt er in seiner Flucht inne.
Nichts war zu sehen, als einige Ginsterbüsche und etwas verkümmertes Haidekraut.
Als er so auf dem brennend heißen Sande saß, fiel ihm ein, daß jetzt eben die Zeit sei, zu welcher der König ihm die zweite Schale voll Milch zu bringen pflegte.
Da seufzte er auf.
Er war nicht gewohnt, zu hungern.
Dennoch machte die so unerwartet plötzlich wiedererlangte Freiheit einen freudigen Eindruck auf sein Gemüth.
Er athmete die frische Luft mit vollen Zügen ein, und als er daran dachte, daß ihm von nun an alle die unwürdigen

Künste erspart bleiben würden, durch deren unfreiwillige Ausübung er den König seither hatte ergötzen müssen, da ward es ihm ungemein wohl, und er sprang etliche Male in die Höhe vor Freude.

Er würde der glücklichste Floh unter der Sonne gewesen sein, wenn nicht der immer grimmiger werdende Hunger ihn allzusehr an Laurins Milchschalen erinnert hätte.

Seine alte, halb vergessene Blutgier erwachte.

Aber weit und breit war kein Geschöpf sichtbar, das ihm irgend würdig schien, von ihm angezapft zu werden.

Da gedachte er trauernd seiner Jugend.

Seine ersten Tage verlebte er auf dem Rüssel des weißen Elephanten, auf welchem der König von Indien zu reiten pflegte.

Sehnend gedachte er der üppig großartigen Natur und des Ueberflusses, der ihn dort umgeben hatte.

Er bekam Heimweh nach Indien.

Er gedachte jenes sonneglühenden Tages, da der König auf dem weißen Elephanten durch einen dichten Bambuswald ritt.

Schlingpflanzen hatten die Bambusstämme zu dichtem Gewebe vereinigt, und hoch über diesem dunklen, undurchdringlichen Dickicht erhoben sich, wie ein zweiter Wald, die hohen, majestätischen Wipfel der Palmen.

Allerhand Insekten, Papageien und Käfer schwirrten und flatterten umher, Schlangen krochen eilig über den Boden dahin, und Affen schwangen sich mit lautem Geschrei von einem Palmbaum zum andern.

Staunend betrachtete der junge Floh all dieses von seinem erhabenen Sitze herab.

Da plötzlich rasselte etwas im Dickicht.

Der Elephant hob seinen Rüssel und stieß einen lauten Trompetenton aus, dann blieb er stehen, und richtete seine Ohren auf, am ganzen Leibe zitternd.

Da rauschte es auch auf der andern Seite.

Gleichzeitig flogen hoch herab zwei Tiger hernieder.

Der eine sank zerschmetternd auf den König und den Lenker herab, sie umklammernd und hinabreißend, der andere hatte den Elephanten an der Kehle gepackt.
Die Sklaven, welche nebenhergelaufen waren, rannten eiligst davon.
Nach kurzem, vergeblichem Kampfe sank der Elephant sterbend nieder.
Da hüpfte der Floh auf das bunte Fell des Tigers, mit dem Entschluß, seinen ehemaligen, nun ermordeten Träger grausam zu rächen.
Wirklich biß er den Mörder auch oftmals so nachdrücklich, daß dieser laut aufheulte und wüthend an sich herumkratzte.
Da ward einst der Tiger auf einer Jagd von europäischen Fremdlingen erlegt, welche ihm alsbald das Fell abzogen.
Der Floh ermangelte nicht, auf einen derselben hinüber zu hüpfen.
So geschah es, daß er mit den Reisenden eine große Reise durch Persien, Arabien, Palästina, über das Meer, dann über die Alpen, bis nach Deutschland machte.
Hier fiel er einem Gnomen in die Hände, welcher ihn an eine Kette legte, und ihm durch Hunger und Prügel die mannigfachsten Künste lehrte.
Alsdann brachte ihn selbiger zum Könige, welcher so entzückt von den Talenten des außerordentlichen Flohs war, daß er dem Gnomen hundert Goldstücke dafür auszahlen ließ.
Alle diese Bilder der Vergangenheit waren an dem Geiste des Flohs vorübergezogen, da ward seine Aufmerksamkeit plötzlich durch ein nahendes Geräusch rege gemacht.
In schwankendem, hin und wider taumelndem Laufe nahte ein Hund.
Die Haare desselben standen ruppig empor, Schaum bedeckte die Schnauze, aus der lang die Zunge hervorhing, und unheimlich roth funkelten die Augen.
Den Schwanz trug er zwischen die Beine geklemmt.
Alle diese Anzeichen hätten den Floh warnen müssen,

aber sein Hunger war zu einer solchen Höhe angewachsen, daß er sich nicht bezähmen konnte.

Sobald der Hund nahe genug herangekommen war, sprang er mit zwei Sätzen auf dessen Rücken.

Mit einer gewissen Wollust saugte er sich fest, um wieder einmal sich in dem lange entbehrten Blut zu berauschen.

Aber er wußte nicht, ob durch das lange Milchtrinken sich sein Geschmack verändert, oder ob der Hund so ungenießbares Blut habe; nach einigen vollen Zügen hielt er ein, zog den Kopf in die Höhe, schüttelte ihn mißbilligend und sprang dann mit einem Satz wieder herab.

Da plötzlich fühlte er sich an den Hinterfüßen ergriffen und festgehalten.

Einer der vom Könige ausgesandten Gnomen hatte ihn erwischt, legte ihn alsbald an eine Kette und führte ihn triumphirend nach dem Palast zurück, wo er vom König mit großem Jubel empfangen wurde, und alsbald die hundert Goldstücke vom Schatzmeister erhielt.

Um von nun an jede weitere Flucht unmöglich zu machen, ward der Floh mit einer goldnen Kette an eine Säule geschlossen.

Es war ziemlich spät Abends.

Eine Schale Milch, welche der König brachte, berührte der Floh nicht, sondern saß traurig und trübsinnig da, obgleich der König ihn liebreich und freundlich streichelte.

»Er ist noch zu scheu und erschrocken!« dachte Laurin und begab sich zu Bett.

Als der König am andern Tage frühmorgens mit der Milchschale ins Zimmer trat, fuhr er erschrocken zurück.

Die Augen des Flohs rollten unheimlich in ihren Höhlen. Schaum stand ihm vor dem Maule, und alle seine Borsten waren struppig aufgerichtet.

Laurin ließ sich von diesem Anblick nicht abhalten, einen Schritt näher zu treten.

Da zerrte der Floh wüthend an seiner Kette, starrte drohend nach seinem Wohlthäter hin und begann vernehmlich zu bellen, wie ein Hund.

Da entsatzte sich der König dermaßen, daß er die Schale mit Milch fallen ließ und mit drei Sätzen zur Thür hinaussprang.

Sofort ließ er den Hofthierarzt kommen und führte selbigen zu dem kranken Floh.

Dieser Erstere betrachtete aus einer sichern Entfernung den Patienten eine Weile, schüttelte mehrmals mit dem Kopf und wendete sich dann achselzuckend zum Könige.

»Ich bedaure sehr,« so sprach er, »aber hier ist alle meine Kunst vergeblich, denn der Floh ist wasserscheu! – Ich gebe Eurer Majestät den wohlgemeinten Rath ihn erschießen zu lassen, um seine Qualen abzukürzen!«

Das kam freilich dem Könige schwer an, aber als ein großer und heldenmüthiger Monarch wußte er seinen Schmerz zu verbergen.

Sechs Bogenschützen mußten heraufkommen.

Von einem halben Dutzend Pfeile durchbohrt, sank der tolle Floh zusammen.

Da ward er in einen krystallenen Sarg gelegt, und bei seiner Beerdigung mußte der ganze Hof in tiefer Trauer folgen.

Und der König selbst trat an des Grabes Rand, warf eine Hand voll Erde hinunter und hielt eine so überaus rührende Grabrede, daß alle Anwesenden die hellen Thränen weinten.

Noch sechs Wochen hindurch war Hoftrauer um den großen Floh.

Friede seiner Asche!

Aus: Gustav Kastropp: Gnomenmärchen. Stuttgart 1877.

Der Floh – nächtlich

DIE GESTÖRTE, ABER GLÜCKLICH WIEDERERRUNGENE NACHTRUHE

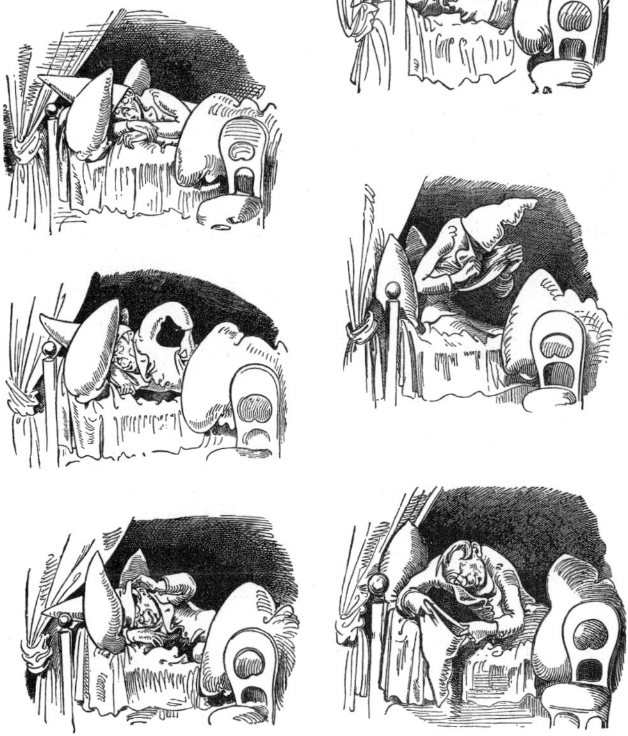

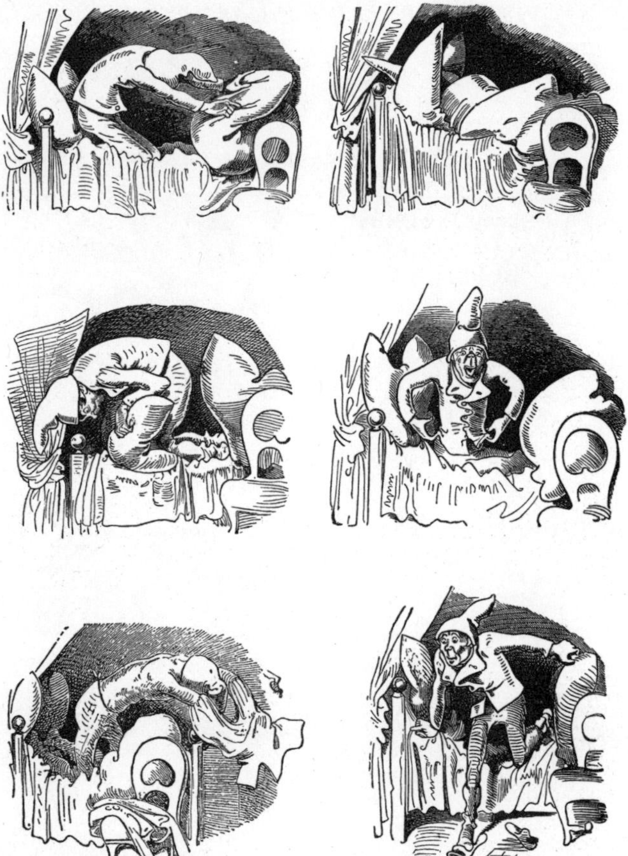

Aus: Das große Wilhelm Busch Hausbuch. München 1961.

Der Floh – biographisch

So verächtlich auch ein Floh in den Augen der meisten Menschen zu seyn scheint, so sehr auch unser Geschlecht, besonders von dem schönen Geschlecht, gehaßt wird, so feindselig man auch uns verfolgt und auszurotten sucht, so merkwürdig sind doch die Begebenheiten manches Flohes, und die Rollen, welche er in seiner kurzen Lebenszeit zu spielen hat.

Es ist wahr, wir nähren uns von dem Blute der Menschen, – aber – essen nicht auch die Menschen das Blut anderer Thiere? – Machen sie nicht von dem Blute der Schweine Würste? – Fangen sie nicht das Blut der geschlachteten Gänse sorgfältig auf, um es mit den Köpfen, Flügeln, Magen, Herzen, Lebern, Därmen und Füßen derselben zu kochen? – Bedienen sie sich nicht des Ochsenblutes in ihren Zuckersiedereyen? – Und rauben sie nicht diesen Thieren mit dem Blute auch zugleich das Leben? – Wer kann aber auftreten und sagen, daß jemals ein Mensch oder ein Thier von einem Floh getödtet worden? – Von den Läusen, mit welchen wir oft wider unsern Willen in einer und eben derselben Herberge wohnen müssen, – von diesen verächtlichen, eckelhaften Thieren, welche sich mit uns gar nicht vergleichen müssen, weil sie nur bey Bettlern, bey Gefangenen, bey armen Juden und anderen armen und geringen Leuten gefunden werden, wir aber auch mit den vornehmsten und liebenswürdigsten Frauenzimmern umgehen können; – sagt man zwar, daß sie Menschen bei lebendigem Leibe verzehren; aber so unhöflich, so grausam sind wir nicht. – Wir lassen uns blos das Blut der Menschen gut schmecken, ohne sie übrigens zu verletzen; und das Blut, welches wir ihnen aussaugen, können sie sehr leicht entbehren. Wenigstens werden sie durch den Verlust desselben nicht so entkräftet, als wenn sie sich ohne Noth schröpfen, oder eine Ader öffnen lassen.

Ueberdieß ist es ja nicht unsere Schuld, daß die Natur uns das Blut der Menschen zur Nahrung angewiesen hat. – Wären wir Falken so würden wir uns Lerchen und andere Vögel greifen. Wären wir Füchse: so würden wir junge Hühner und andres Federvieh schmausen. Wären wir Wölfe: so würden wir uns Lämmer und Schaafe stehlen. Wären wir Menschen: so würden wir vielleicht auch die Kunst lernen, gekochtes und gebratenes Fleisch, Pasteten und Kuchen zu essen, – Bier, Liquers, Limonade, Bavaroise, Punsch und Wein zu trinken. – Aber wir sind Flöhe. Wir müssen mit der von der der Natur für uns bestimmten Speise zufrieden seyn. Wir sind es auch; und wir zeigen uns dabei so mäßig, so bescheiden, als man es von gesitteten Flöhen nur immer fordern kann. Nie wird ein Floh sich durch Unmäßigkeit, den Magen verderben, – nie so viel zu sich nehmen, daß es ihm, (wie man solches wohl zuweilen von Menschen siehet), wieder aus dem Halse stürzen müßte. – Wir saugen das Blut nicht an solchen Oertern aus, wo man den Abgang desselben merken könnte. – Nie wird man einen Floh auf der Wange, oder auf den Lippen eines Frauenzimmers sehen. Wir wissen, daß die Frauenzimmer gern rothe Wangen und Lippen haben; daß sie, wenn die Natur ihnen diese Röthe versaget, oder die Hand des Alters hinweggewischt, oder eine ausschweifende Lebensart geraubt hat, diese Theile ihres Gesichtes roth färben. Wir werden uns daher wohl hüten ihnen da Blut zu rauben, wo sie es am wenigsten entbehren können. Nur an solchen Theilen ihres Körpers, welche desto reizender scheinen, je weißer sie sind, – etwan an dem Halse, an der Brust, am Arme, am Fuße, am Unterleibe, – suchen wir unsere Nahrung.

Man schätze also einen Floh nicht so geringe. Mancher Floh hat Gelegenheit, viele Erfahrungen zu sammeln,

wichtige Entdeckungen zu machen, mit den verborgendsten Geheimnissen bekannt zu werden, die angenehmsten Reize in der Nähe zu bewundern, und überhaupt ein so merkwürdiges Leben zu führen, daß es für die Nachwelt beschrieben zu werden verdienet. – Mein Lebenslauf kann hiervon einen deutlichen Beweis geben. Ich will mich demnach nicht erst weitläuftig entschuldigen, daß ich als ein Floh der Welt meinen Lebenslauf vorlege. Er enthält so viel Merkwürdiges, daß man es der Mühe werth finden wird, ihn zu lesen.
Von meiner Herkunft weiß ich nicht viel zu sagen, Vermuthlich sind meine Aeltern nicht Adler, sondern Flöhe gewesen; denn ich besinne mich, daß ich, als ich mich einst im Strumpfe einer Kammerjungfer aufhielt, ihr von einem jungen Studenten ein Glückwünschungsgedicht an einen seiner Gönner, welcher ein Garkoch war, vorlesen hörte und daß in demselben folgende Stelle vorkam

Ein Adler kann nicht Krähen zeugen
Dein Vater war ein großer Mann –
Ein Adler; – und auch Du fängst an,
Mit Adlersflügeln hoch zu steigen.

Meinen ersten Wohnsitz habe ich in der Falte eines rothen Frießrocks gehabt, welcher einer Köchinn gehörte. Hier habe ich in dem Frühlinge meines Lebens die ruhigsten und besten Tage gehabt: Denn meine Gebieterinn war alt und häßlich; hatte aber sehr fleischige Lenden und süßes Blut. Ihr Frießrock hatte also keine Anfechtungen; sondern hieng am Tage von keiner wohllüstigen Hand betastet, um das feiste Untertheil ihres Körpers, und lag des Nachts ruhig auf einem Stuhle vor ihrem Bette. Ganz ungestöhrt konnte ich aus meinem warmen Behältnisse auf ihren Körper hüpfen, mich an ihrem gesunden Blute satt saugen, und dann wieder in mein Quartier zurückkehren; zuweilen verjagte sie mich zwar von meinen Mahlzeiten; aber sie war zu faul, mich aufzusuchen. – Kurz, ich lebte in dem alten Frießrocke der alten Köchin recht zufrieden. – So lebt ein Mann, im niedrigen Stande ohne Pracht, aber auch ohne Sorgen; ohne glänzendes Glück, aber auch ohne schimmerndes Elend! O ihr glücklichen Tage! – warum mußtet ihr sobald verschwinden? – Meine Besitzerinn verschenkte aus Mitleiden ihren Frießrock und mich an eine ihrer Verwandtinnen, eine junge lüderliche Weibsperson. Bey dieser hatte ich keinen ruhigen Augenblick. Bald mußte ich vor einem Bedienten, bald vor einem Kutscher, bald vor einem Handwerksburschen aus einem Schlüpfwinkel in den andern kriechen. Sie selbst stellte mir unabläßig nach, und hatte mich auch wirklich schon einmal erhascht; aber ich entschlüpfte den Fingern dieser Grausamen und trieb mich so lange in der Kinderstube auf der Erde herum, bis ich Gelegenheit fand, mich bey der Hausfrau, deren Kindermädchen sie war, einzuquartieren. Anfänglich war ich über meine Veränderung sehr vergnügt, ich fand ein feines, sauberes Hemde, einen Unterrock von dem besten Molton, und konnte aus allen Umständen schließen, daß ich an keinem geringen Orte sey. Wie freute ich mich, als ich mich in den feinen, weichen Unterrock eingenistelt hatte! Wie stolz sahe ich von dem Gipfel meines Glücks auf geringere Flöhe herab! Aber ich wurde bald gewahr, daß man nicht immer glücklich ist, wenn man vornehm lebt. Mitten in meinem vornehmen Aufenthalte quälten mich die Nahrungssorgen. Kaum setzte ich meinen kleinen Rüssel etwan an dem Fuße oder in die Seite meiner empfindlicher Besitzerinn an, um mir meine gewöhnlichen Nahrungsmittel zu suchen: so sprang sie auf, schimpfte und fluchte auf mich und auf unser ganzes Geschlecht, durchsuchte ihr Hemde, ihre Strümpfe, ihren Unterrock, und jagte mir ein solches Schrecken ein, daß ich am ganzen Leibe zitterte. Nur wenn sie in Gesellschaften war, oder Besuch bey sich hatte, – gelang es mir zuweilen, meinen Hunger zu stillen. Ich wurde daher so mager, wie ein Gerippe. – So muß mancher Bewohner eines prächtigen Pallasts sich von bangen Sorgen foltern lassen, – sieht um sein Lager blasse Schrecken stehen, und innere Angst verzehret ihn. – Acht ganze Tage, – für einen Floh ein halbes Jahrhundert, mußte ich in den elendsten Umständen, zwischen Furcht und Angst zubringen. Von ungefähr gerieth ich in die Beinkleider eines jungen Menschen, welcher der jungen reizenden Frau zuweilen einen angenehmen Zeitvertreib machte, und dafür reichlich beschenkt wurde. In den Beinkleidern wollte es mir gar nicht gefallen. Ich hatte zwar in denselben meine völlige Freiheit, und mein reichliches Auskommen; aber eine gewisse natürliche Neigung zu dem schönen Geschlechte erregte in mir den Wunsch, mich bald wieder in den Unterkleidern eines Frauenzimmers zu sehen. Mein Wunsch wurde auch glücklich erfüllet. Der junge Mensch, dessen Beinkleider mir zur Wohnung dienten, war einer von denen saubern Herren, welche die Tempel der Venus fleißig besuchen. Bey einem solchen Besuche wurde ich in das Hemde einer Nymphe versetzt, mit welcher er die von der jungen Ehefrau erhaltenen Geschenke wieder durchbrachte. Von dem starken Geruche, welcher aus dem mit wohlriechendem Wasser häufig besprengten Hemde und Unterrocke meiner neuen Herrschaft hervorduftete, bekam ich solche heftige Kopfschmerzen, daß mir alle Lust verging mich nach Lebensmitteln umzusehen. Krank und verdrießlich saß ich an dem Saume des Rocks, bis mich nach einer Stunde ein alter Herr, dessen Haar das Alter schon ziemlich weiß gebleicht hatte, mit dem Unterfutter seines Nachtkamisols auffing. Ich konnte mich über die verliebte Hitze, mit welcher dieser Greis die Nymphe umarmte, nicht genug wundern. Beym Weggehen gab er ihr einen harten Thaler und sagte: »Erfahre ich, daß mein Sohn zu Dir geht, so höret unsere Bekanntschaft auf, und Du hast keinen Pfennig mehr von mir zu erwarten.« – Das Unterfutter des Nachtkamisols war warm und weich. Es wohnte sich ganz bequem in demselben, aber die Küche taugte nicht viel. Ein Paar alte dürre Lenden, ein zusammengeschrumpfter Leib –

waren eben nicht eine fette Weide für einen Floh, welcher sehr gesunden Appetit und bey seiner ersten Speisewirthinn, – bei der fleischbegabten Köchinn, – sich gewöhnt hatte, gesundes Blut mit vollen Zügen einzusaugen. – Ich weiß nicht in was für einer Verbindung mein alter Wirth mit der ebenfalls schon ziemlich besagten Priorin eines Klosters stand. Genug, ich wurde bey einer heimlichen Unterredung mit derselben durch vieles Schütteln und Reiben genöthiget, zu ihr hinüber zu springen, und in ihrem welken Busen eine Ruhestätte zu suchen. »In einem Kloster (dachte ich) wird man doch ein ruhiges Leben führen können;« – aber wie sehr betrog ich mich in meiner Hoffnung! Nirgends hatte ich weniger Ruhe gehabt, als ich bey der alten Priorinn fand. Mehr als einmal des Tages zog sie sich bis auf das Hemde aus; waschte sich den Hals, die Brüste, den Leib und rieb sich fast die Haut ab. (Sollte man wohl glauben, daß ein altes Weib noch so eitel seyn könnte?) Ich wußte alsdann nicht, wohin ich meine Zuflucht nehmen sollte. Verwünscht sey das Klosterleben! Verwünscht – die Eitelkeit alter Weiber, welche sich noch das Fell reiben, um weiß zu werden und den Mannspersonen zu gefallen! Ein Zufall erlöste mich aus dem Kloster. Als meine Priorinn eine kranke Nonne besuchte, bey welcher sich der Beichtvater befand, war ich begierig, die Nonne, von deren Schönheit man im ganzen Kloster sprach, zu sehen. Ich wagte es durch den Aermel der Priorinn auf ihre Hand zu kriechen, um sowohl die schöne Nonne zu sehen, als auch ein wenig frische Luft zu schöpfen. Sie wurde mich gewahr und wollte mich greifen, hatte auch schon einen von meinen langen Hinterfüßen zwischen ihren knöchernen Fingern, aber ich ließ ein Gelenke von meinem Fuße im Stiche und hüpfte einem Balletsprunge in das Bette der kranken Nonne. – »Das verfluchte Ungeziefer, (rief sie hinter mir) ist so verwegen, daß es nicht einmal vor unserm heiligen Blute Respect hat.« – Die kranke Nonne gab ihr zu verstehen, daß sie wegen einer Gewissenssache sich gern mit dem Pater allein unterreden möchte. Die Priorinn, welche sich vielleicht oft in einem ähnlichen Falle befunden hatte, begab sich hinweg; und der Pater untersuchte die Gewissenssache der schönen Kranken so genau, daß ich in seinem Ordenshabit eingewickelt aus dem Bette und endlich auch aus dem Kloster kam. Wie solches zugegangen, weiß ich selbst nicht; und wenn ich es auch wüßte; so würde ich es doch nicht sagen. Ein Floh muß verschwiegen seyn. – Was würde daraus entstehn, wenn wir Flöhe alles, was wir sehen und hören, verrathen wollten? – Der Pater mußte am ebendemselben Tage noch mehrere Kranken besuchen. Unter selbigen befand sich eine junge Ehefrau, welche sich über die kaltsinnigen Begegnungen ihres Mannes krank gegrämt hatte und Trost begehrte. Es war eine heiße Sommernacht. Um das Amt eines Trösters desto kräftiger verwalten zu können, legte der Pater seinen Ordenshabit, in dessen rechten Aermel ich zu logiren gewürdigt wurde, auf einen Stuhl. Der Ehemann überraschte ihn. Der Tröster entsprang und ließ seinen Ordenshabit zurück. Ganz kaltblütig sagte der Ehemann: »Man muß den ehrlichen Mann seinen Habit nachschicken.« Er rief auch würklich seinen Hausknecht: »Geht zu dem Pater ***, macht ihm ein Kompliment von mir und sagt: ich schickte ihm seinen Habit, den er hier vergessen hätte.« – Der Hausknecht überbrachte dem beschämten Pater seinen Habit und mich. Ich blieb ganz still im Aermel sitzen. Der Pater wurde krank. Ich hatte also Zeit, meinen Lebenslauf aufzusetzen, ob ich gleich bey dieser gelehrten Arbeit, sowie die meisten Schriftsteller hungern mußte. – Was mir weiter begegnet ist, das werde ich vielleicht künftig erzählen.

Aus: Carl Friedrich Wegener: Lebenslauf eines Flohs, von ihm selbst beschrieben. Voll von großen und merkwürdigen Begebenheiten. Berlin 1782.

Anmerkung des Herausgebers:

Carl Friedrich Wegeners »Lebenslauf eines Flohs, von ihm selbst beschrieben. Voll von großen und merkwürdigen Begebenheiten« erschien zuerst im Teil VII der »Raritäten«, Berlin 1782. Einen getreuen Abdruck des Originals veranstaltete 1890 der Kölner Verleger Franz Teubner für seine Reihe »Deutsche Kuriosa« (Nr. 10). Dann nahmen Karl Soffel und der Schriftsteller Klabund (d. i. Alfred Henschke) den Text in ihr Buch »Der Tierkreis. Das Tier in der Dichtung aller Völker und Zeiten« (Berlin 1920) auf.

Der Floh – arabisch

Prinz Kamar ez-Zamân sollte sich auf Befehl seines Vaters, des Königs Schehrimân, vermählen, aber er weigerte sich dessen und sprach mancherlei Dichterworte, in denen das Geschlecht der Frauen hart beurteilt wurde. Schließlich ward der König ungeduldig und ließ seinen Sohn, um ihn gefügig zu machen, in einen alten Turm einsperren. Während der Prinz dort schlief, stieg die Dämonin Maimûna aus dem Brunnen empor und war von der Schönheit des Jünglings hingerissen. Als sie dann gen Himmel flog, begegnete ihr der Dämon Dahnasch, der hatte im Lande China die Prinzessin Budûr gesehen, die von ihrem Vater aus demselben Grunde gefangengesetzt war wie Kamar ez-Zamân. Dahnasch rühmte die Schönheit der Prinzessin, Maimûna die des Prinzen. Um aber zu wissen, wer von beiden am schönsten sei, holten die beiden Geisterwesen die Prinzessin Budûr, trugen sie durch die Luft dahin und legten sie an der Seite des Prinzen nieder. Als sie sich auch dann nicht einigen konnten, riefen sie den Dämon Kaschkasch als Schiedsrichter an. Der kam und sah die beiden schönen jungen Menschenkinder nebeneinander liegen. Dann sprach er: »Bei Allah, wenn ihr die Wahrheit hören wollt, so sage ich euch offen, die beiden sind gleich an Schönheit und Lieblichkeit, an Anmut und Vollkommenheit, und es ist kein Unterschied zwischen beiden, nur daß sie verschiedenen Geschlechts sind. Doch ich habe noch einen anderen Gedanken, und der ist, daß wir je einen von den beiden aufwecken, ohne daß der andere es weiß, und wer dann von heißerer Liebe zu dem anderen entzündet wird, der soll ihm an Schönheit und Anmut unterlegen sein.« Maimûna sprach: »Der Rat ist gut,« und Dahnasch: »Ich bin damit einverstanden.« Da verwandelte Dahnasch sich in die Gestalt eines Flohes und biß den Kamar ez-Zamân; der aber fuhr erschrocken aus seinem Schlafe auf. Dann kratzte er die Stelle des Bisses in seinem Nacken, weil der Schmerz ihn so sehr brannte, und dabei bewegte er sich zur Seite. Und da sah er neben sich etwas liegen, dessen Hauch süßer als duftiger Moschus und dessen Leib weicher als Rahm war. Verwundert und sehnsuchtsvoll schaute er die Jungfrau an, er versuchte sie zu wecken, aber Dahnasch hatte sie in einen tiefen Schlaf versenkt. Da sagte er sich, er wolle bis zum Morgen warten und dann seinen Vater bitten, ihn mit dieser Jungfrau zu vermählen. Er berührte sie nicht, sondern nahm ihr nur den Ring vom Finger und gab ihr dafür den seinen.

Darauf verwandelte Maimûna sich und nahm die Gestalt eines Flohes an, dann drang sie in das Gewand der Prinzessin Budûr ein, kroch auf ihre Wade und dann weiter auf ihren Schenkel, und als sie vier Finger breit unterhalb ihres Nabels war, da stach sie sie. Alsbald öffnete die Prinzessin ihre Augen und setzte sich aufrecht; und sie sah einen Jüngling an ihrer Seite ruhen, der in seinem Schlafe tief atmete, das schönste der Geschöpfe Allahs des Erhabenen. Aber sie war nicht so zurückhaltend gegen den schlafenden Prinzen, wie er gegen sie gewesen war. So entschied es sich denn, daß Kamar ez-Zamân schöner war als die Prinzessin Budûr.

Nach: Enno Littmann: Vom morgenländischen Floh. Leipzig 1925. –

Der Floh – muslimisch

Dem Floh Speise zu versagen und ihn töten zu wollen, gehört zugleich zu den erlaubten und unerlaubten Dingen. Er darf aber nicht verflucht werden, denn der Imâm Ahmed und el-Bazzâr und el-Buchâri, im Kapitel über die feine Sitte, und et-Tabarâni, im Kapitel über die Verwünschungen, haben nach dem Bericht von Anas – Allah der Erhabene habe ihn selig! – überliefert, daß der Prophet Allahs – Er segne ihn und gebe ihm Heil! – einmal hörte, wie ein Mann einen Floh verfluchte. Da sagte er: »Verfluche ihn nicht, denn er hat einen Propheten zum Frühgebet aufgeweckt!« Und in dem Buche el-Mu'dscham von et-Tabarâni heißt es von Anas – Allah der Erhabene habe ihn selig! –, daß er gesagt hat: »Ich erwähnte einmal die Flöhe in Gegenwart des Propheten Allahs – Er segne ihn und gebe ihm Heil! Da sprach er: ›Sie erwecken zum Frühgebet!‹« Und in demselben Buche heißt es von 'Ali – Allah der Erhabene habe ihn selig! –, daß er erzählte: »Wir übernachteten einmal an einer Stätte; da waren uns die Flöhe die Rufer zum Frühgebet. Wir verfluchten sie, aber der Prophet Allahs – Er segne ihn und gebe ihm Heil! – sprach: ›Verfluchet sie nicht, sie sind treffliche Tiere, denn sie haben euch aufgeweckt, damit ihr Allah den Erhabenen preiset.‹«
Ein weniges von ihrem Blute auf Kleid und Leib wird nicht als rituell unrein gerechnet, da dies eine so allgemeine Heimsuchung ist und man sich schwer davor hüten kann. Abu 'Omar ibn 'Abd el-Barr sagt: »Alle Gelehrten stimmen darin überein, daß man das Blut der Flöhe, soweit man nicht stark dadurch entstellt wird, übersehen darf und nicht als unrein zu rechnen braucht. Unsere Gewährs-

männer geben an, es herrsche kein Widerspruch dagegen, daß ein weniges von dem Flohblute nicht als unrein gerechnet zu werden brauche, es sei denn, daß es durch das Tun des Menschen entstanden sei, wie zum Beispiel, wenn einer den Floh in seinem Gewande oder auf seinem Leibe getötet hat!« Aber es gibt zwei Ansichten darüber, ob man das Blut des getöteten Flohs als unrein rechnen soll; die richtigere von den beiden ist jedenfalls die, daß man auch dies nicht als unrein rechnet, wie bei allen Tieren, die keine zur Rechenschaft ziehende Seele haben, zum Beispiel Wanzen, Moskitos und dergleichen. Einst wurde der Scheich el-Islâm 'Izz ed-Dîn ibn 'Abd es-Salâm über ein Kleid, in dem sich Flohblut befindet, befragt, und zwar, ob es dem Menschen erlaubt sei, ein solches Kleid mit dem frischen Blut anzulegen und dann darin zu beten, ferner ob er auch, wenn er darin geschwitzt habe, darin beten dürfe, und ob sein Leib dadurch unrein würde oder ob man es nicht zu rechnen brauche, schließlich ob es für ihn dann eine empfehlenswerte Handlung sei, vor der gewohnten Zeit die religiöse Waschung vorzunehmen. Jener erwiderte: »Ja, Kleid und Leib werden dadurch unrein, aber es gibt kein Gebot, die religiöse Waschung außer zu den gewohnten Zeiten vorzunehmen. Wenn jemand diese Waschung außerhalb der Zeit vornimmt, so ist das eine Gewissenhaftigkeit, die über das hinausgeht, was die Alten übten, und die waren doch am eifrigsten darin, ihre Glaubensgebote zu achten.« Was nun eine größere Menge von Flohblut angeht, so ist nach Ansicht der zuverlässigen Gewährsmänner das richtigste das, was en-Nawawi darüber lehrt, nämlich, daß man es ohne Einschränkung als nicht verunreinigend ansehen dürfe, gleichviel, ob es sich mit Schweiß vermischt habe oder nicht.

Einst wurde Mâlik – Allah erbarme sich seiner! – über die Flöhe befragt, ob der Todesengel ihre Lebensgeister hinwegnehme. Da senkte er sein Haupt eine Weile; dann fragte er: »Haben sie denn eine Seele, die zur Verantwortung zieht?« Man antwortete: »Ja!« Da sagte er: »Der Todesengel nimmt ihre Lebensgeister hinweg.« Dann rezitierte er das Wort Allahs des Erhabenen aus der 39. Sure, Vers 43: »Allah nimmt die Seelen zu sich zur Zeit ihres Todes« – bis zum Ende des Verses.

Nach: Kamal ed-Din ed-Damiri: Leben der Tiere. 14. Jahrhundert.

Der Floh – indianisch

Außer dem Tribut, den die Könige von Peru von ihren Unterthanen empfingen, bezahlten die Armen und Unvermögenden noch einen anderen, wodurch ihr Landesherr aber eben keinen sonderlichen Reichthum erlangen konnte. Denn sie waren gehalten, von Zeit zu Zeit den Gouverneurs ihrer Städte gewisse Hörner voller Flöhe zu liefern. Die Yncas verlangten es ausdrücklich, damit, wie sie sagten, niemand ihrer Unterthanen von einer Abgabe befreyet wäre; ihre Hauptabsicht aber bestand darin, daß sich die Armen der Reinlichkeit befleißigen möchten. Die Zehentmänner hatten ausdrücklichen Befehl, diesen Tribut einzufordern.

Aus: Allgemeine Geschichte der Länder und Völker von Amerika. 2. Theil. Halle 1753.

Der Floh – biblisch

Als wir nun am ersten Tage in einer einsamen Herberge einkehrten und wegen eines Bettes für Johannes in Verlegenheit waren, erlebten wir einen Scherz. Es lag dort irgendwo eine Bettstelle ohne Decken; auf diese breiteten wir die Mäntel, die wir mit uns brachten, aus und baten ihn, sich dort niederzulegen und auszuruhen, während wir übrigen alle auf dem Boden schliefen. Als er sich dann hingelegt hatte, wurde er von sehr vielen Wanzen belästigt. Wie sie ihm aber allmählich immer lästiger wurden und es schon Mitternacht geworden war, redete er, während wir alle zuhörten, sie an: »Euch sage ich, ihr Wanzen, seid klug alle zusammen und verlaßt für diese Nacht eure Wohnung, verhaltet euch ruhig an einer Stätte, die fern von den Knechten Gottes ist!« Und während wir lachten und weiterredeten, schlief Johannes ein. Wir aber unterhielten uns leise und blieben dank ihm unbelästigt. Als es darüber schon Tag wurde, stehe ich zuerst auf – so erzählt der Gewährsmann – und mit mir Veros und Andronikos. Da sehen wir an der Tür des Zimmers, das wir genommen hatten, eine Menge von Wanzen stehen. Als wir dann hinausgetreten waren, um ihren vollen Anblick zu genießen, und alle Brüder ihretwegen schon wach waren, schlief Johannes noch. Nachdem er aber ausgeschlafen hatte, richtete er sich im Bette auf, erblickte sie und sprach: »Da ihr klug waret und euch vor meiner Strafe in acht genommen habt, so kommt in eure Wohnstätte!« Und sobald er nach diesen Worten vom Lager aufgestanden war, eilten die Wanzen im Laufe von der Tür zum Bette, stiegen zwischen seinen Füßen in die Fugen hinauf und verschwanden. Da sprach Johannes: »Dies

Tier hörte eines Menschen Stimme und blieb ruhig für sich, ohne das Gebot zu übertreten. Wir aber hören Gottes Stimme, und doch übertreten wir seine Gebote in unserem Leichtsinn.«

Aus den Apokryphen.

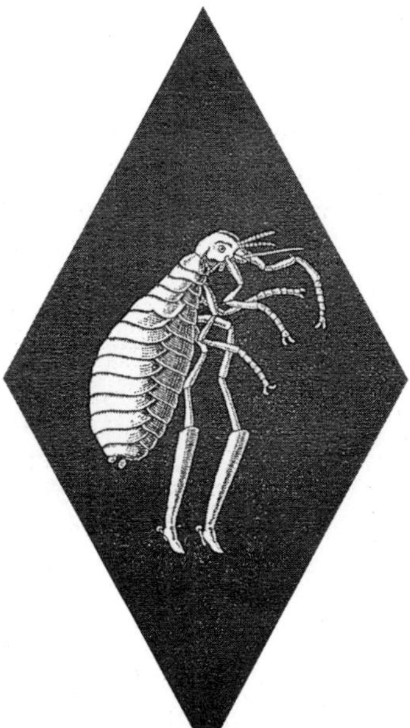

Der Floh – märchenhaft VII

Man erzählt, daß einst eine Maus im Hause eines Kaufmanns lebte, der eine große Menge von Waren und viel Geld besaß. Eines Nachts nun kroch ein Floh in das Bett jenes Kaufherrn; da fand er, daß der Mann einen zarten Leib hatte, und weil er selbst durstig war, so trank er von dessen Blut. Aber da der Flohstich ihn schmerzte, so erwachte der Kaufmann aus dem Schlafe, richtete sich im Sitze empor und rief seine Sklavinnen und einen seiner Diener. Die kamen eilends herbei, schürzten ihre Ärmel auf und suchten nach dem Floh. Als der aber merkte, daß man nach ihm suchte, wandte er sich zur Flucht, traf auf ein Mauseloch und hüpfte hinein. Wie die Maus ihn sah, fragte sie ihn: »Was führt dich zu mir, dich, der du weder von meiner Art noch von meinem Stamme bist, den nichts vor Grobheit, Mißhandlung und Gewalttat sichert?« Der Floh gab ihr zur Antwort: »Sieh, ich bin in deine Wohnung geflohen, um mich vor dem Tode zu retten, ich bin als Schutzflehender zu dir gekommen, es gelüstet mich nicht nach deinem Hause, dir soll von mir nichts Böses widerfahren, das dich aus deiner Wohnung vertreiben könnte. Nein, ich hoffe vielmehr, dir deine Güte gegen mich aufs beste zu lohnen; dann sollst du erleben und preisen, wie meine Worte sich erfüllen.« Auf diese Worte des Flohs erwiderte die Maus: »Wenn die Sache so ist, wie du sie beschrieben und erzählt hast, so bleib in Sicherheit hier, dir soll nichts Böses widerfahren; du sollst nur das erleben, was dir Freude macht, nur das soll dir begegnen, was auch mir begegnet. Ich will dich mit meiner Liebe überschütten; du brauchst es nicht zu bereuen, wenn dir das Blut des Kaufmanns entgeht, noch darüber zu trauern, daß du früher bei ihm Nahrung fandest. Begnüge dich mit dem, was dir an Lebensunterhalt sich bietet; das ist sicherer für dich. Ich habe vernommen, o Floh, daß einer der lehrhaften Dichter einmal diese Verse sprach:

Ich gab mich zufrieden, mein Leben war einsam;
Mit dem, was sich darbot, verbracht ich die Zeit:
Mit trockenem Brote, mit Wasser zum Trinken,
Mit körnigem Salz und mit schäbigem Kleid.
Erleichtert mir Allah das Leben, so freut's mich.
Wo nicht, so genügt mir, was Er mir verleiht.

Als der Floh die Worte der Maus vernommen hatte, sprach er: »Schwester, ich höre auf deine Ermahnung, und ich füge mich dir in Gehorsam, ich habe auch keine Kraft, dir zu widersprechen, bis die Aufgabe des Lebens in dieser guten Absicht erfüllet wird.« Die Maus erwiderte darauf: »Für die echte Freundschaft genügt die aufrichtige Absicht.« So ward das Band der Freundschaft zwischen ihnen beiden geknüpft; und darauf lebte der Floh des Nachts im Bette des Kaufmanns, ohne mehr zu nehmen, als er gerade zum Leben notwendig hatte, am Tage aber lebte er bei der Maus in ihrem Loche. Nun begab es sich, daß der Kaufmann eines Abends viele Goldstücke mit nach Hause brachte und sie genau anzusehen begann. Wie die Maus den Klang der Dinare hörte, steckte sie den Kopf aus ihrem Loche heraus und sah sie an, bis schließlich der Kaufmann das Geld unter ein Kissen barg und sich zum Schlafe niederlegte. Da sprach sie zum Floh: »Siehst du nicht die Gelegenheit, die sich darbietet, und den großen Glücksfall? Weißt du ein Mittel, das uns in den Stand setzte, jene Dinare dort zu gewinnen?« Doch der Floh erwiderte: »Wenn einer ein Ziel erstrebt, so muß er ihm auch gewachsen sein; ist er aber zu schwach dazu, so gerät er in eine Lage, vor der er sich hüten sollte, und er erreicht seinen Wunsch nicht, eben weil ihm die Kraft dazu fehlt, mag auch alle Stärke des Listenreichen aufgewandt werden; dann gleicht er dem Sperling, der Körner picken will, aber dabei ins Netz fällt, so daß der Vogelsteller ihn fängt. Du hast doch nicht die Kraft, die Dinare zu nehmen und aus dem Hause zu schleppen, und auch ich habe nicht die Fähigkeit dazu, ja, ich kann nicht einmal einen einzigen von den Dinaren tragen. Was gehen dich also die Goldstücke an?« Da sagte die Maus: »Sieh, ich habe in meinem Loche hier siebzig Ausgänge hergestellt, aus denen ich hinausschlüpfen kann, wann ich nur will; und ferner habe ich für die Vorräte einen sicheren Platz bereitet. Gelingt es dir, ihn durch eine List aus dem Hause hinauszutreiben, so glaube ich an den Erfolg mit Sicherheit, wenn nur das Geschick mir seine Hilfe leiht.« »Ich übernehme es dir, ihn aus dem Hause zu treiben«, sprach der Floh, hüpfte alsbald auf das Lager des Kaufmanns und stach ihn so furchtbar, wie jener es zuvor noch niemals von ihm erlebt hatte; dann eilte er davon an einen Ort, an dem er vor dem Manne sicher war. Der Kaufmann erwachte und suchte nach dem Floh, fand ihn aber nicht; da legte er sich auf die andere Seite und schlief weiter. Aber der Floh biß ihn noch einmal, noch schmerzhafter als vorher. Nun verlor der Kaufmann die Geduld, verließ sein Lager und ging hinaus zu einer Bank neben der Haustür; dort legte er sich nieder und wachte nicht wieder auf bis zum Morgen. Inzwischen hatte die Maus sich darangemacht, die Goldstücke wegzuschleppen, bis sie keine mehr von ihnen übriggelassen hatte. Als es aber Morgen geworden war, lenkte der Verdacht des Kaufmanns sich auf die Leute, und er machte sich allerlei Gedanken.

Nach: Enno Littmann: Vom morgenländischen Floh. Leipzig 1925. – © Insel Verlag Leipzig und Frankfurt am Main 1925.

Der Floh – very british

„Schicken Sie uns Ihre Flöhe"

Einen merkwürdigen Appell hat eine britische Pharma-Firma jetzt an die Öffentlichkeit gerichtet: „Schicken Sie uns Ihre Flöhe!" Ein Sprecher erklärte, fündige Mitbürger sollten die Insekten in Klebeband einwickeln und in einem Umschlag an das Unternehmen senden. Forscher wollen nämlich genau herausfinden, wo und wann im Frühjahr die Beißsaison gegen Hunde und Katzen beginnt. Übrigens: Flöhe haben es nicht leicht auf dieser Welt. Bis zu 10 000 Sprünge brauchen manche, bis sie einen geeigneten Blutspender gefunden haben. Aber dann, so das Boulevardblatt Daily Mail *zum neuen Forschungsprojekt, beginnt das süße Leben. „Eine Orgie der Völlerei und des Sex", bis sie eine Woche später vor Erschöpfung verenden.* Reuter

Aus: Süddeutsche Zeitung, 10. September 1991.

England wird von Flohplage heimgesucht

London (epd) – Der Kammerjäger ist ein gefragter Mann in Großbritannien: Das Land wird derzeit von der größten Flohplage seit Menschengedenken heimgesucht. Die Hersteller von Sprays und Puder gegen die ungeliebten Hausgenossen haben Hochkonjunktur, berichteten britische Zeitungen. Der Flohbekämpfer Steve Galer schätzt, daß sich die Anzahl der britischen Flöhe seit Sommer vergangenen Jahres versechsfacht hat. Einen Trost allerdings hat der Wissenschaftler John Maunder: Auf der Speisekarte eines Flohes stehe Menschenfleisch ganz unten. Die Briten seien nur „die eiserne Ration für Notzeiten".

Aus: Süddeutsche Zeitung, 21. April 1994.

Flohmarkt bei Harrods

London (Reuter) – Die britische Polizei hat zwei Männer festgenommen, die gedroht hatten, das Londoner Nobel-Kaufhaus Harrods mit Flöhen, Mäusen und Küchenschaben zu verseuchen. Im *Daily Mirror* hieß es, die beiden hätten umgerechnet rund elf Millionen Mark dafür verlangt, von der Schädlingsattacke abzusehen.

Aus: Süddeutsche Zeitung, 14. Dezember 1995.

Der Floh – irisch

Das Zimmer hatte eine Feuerstelle, wo wir Wasser für unseren Tee kochen konnten oder ein Ei, falls wir je zu Geld kommen sollten. Wir hatten einen Tisch und drei Stühle und ein Bett, und Mam sagte, so ein großes Bett hat sie ja noch nie gesehen. Wir waren froh über das Bett, endlich, nach den Nächten auf dem Fußboden in Dublin und bei Oma. Es war nicht schlimm, daß wir zu sechst in dem Bett waren; wir waren beieinander, weg von Großmüttern und *gárdaí*, Malachy konnte paßtsdoch-mal-auf sagen, sooft er wollte, und wir konnten lachen, wenn uns danach war.

Dad und Mam lagen am Kopfende, Malachy und ich am Fußende, die Zwillinge, wo es ihnen gerade am besten gefiel. Malachy brachte uns noch mal zum Lachen. Schlafts, schlafts, schlafts, sagte er, dann sagte er oy, und dann schlief er ein. Mam machte das leise Hink-hink-Geräusch, an dem man merkte, daß sie schlief. Im Licht des Mondes konnte ich die ganze Länge des Betts überblicken und sah, daß Dad noch wach war, und als Oliver im Schlaf weinte, griff Dad nach ihm und hielt ihn. Whscht, sagte er. Whscht.

Dann fuhr Eugene auf und kreischte und zerrte an sich herum. Ah, ah, Mammy, Mammy. Dad setzte sich auf. Was? Was ist los, mein Sohn? Eugene weinte weiter, und als Dad aus dem Bett sprang und die Gaslampe anmachte, sahen wir die Flöhe – sie hüpften, sprangen, verbissen sich in unserem Fleisch. Wir hauten auf sie drauf, aber sie hüpften einfach weiter von Körper zu Körper, sie hüpften und bissen. Wir kratzten an den Bissen, bis sie bluteten. Wir sprangen aus dem Bett, die Zwillinge weinten,

Mam stöhnte, o Jesus, kommen wir denn nie zur Ruhe! Dad goß Wasser und Salz in ein Marmeladenglas und betupfte unsere Bisse. Das Salz brannte, aber er sagte, bald würden wir uns besser fühlen.
Mam saß mit den Zwillingen auf dem Schoß bei der Feuerstelle. Dad zog sich seine Hose an und zerrte die Matratze vom Bett und auf die Straße hinaus. Er goß Wasser in den Kessel und in den Topf, stellte die Matratze gegen die Hauswand, drosch mit einem Schuh auf sie ein, sagte mir, ich soll ständig Wasser auf die Erde schütten, damit die Flöhe ertrinken, die hineinfallen. Der Mond von Limerick war so hell, daß ich Stücke davon im Wasser schimmern sah, und ich hätte gern die Mondstücke aufgeschöpft, aber wie konnte ich das mit den Flöhen, die mir an die Beine sprangen. Dad drosch weiter mit dem Schuh, und ich mußte durchs Haus zurückrennen, zum Wasserhahn auf dem Hinterhof, um immer noch mehr Wasser für den Kessel und den Topf zu holen. Mam sagte, sieh dich an. Deine Schuhe sind pitschnaß, und du wirst dir den Tod holen, und dein Vater wird sich bestimmt die Lungenentzündung holen ohne seinen Schuh am Fuß.
Ein Mann auf einem Fahrrad hielt an und wollte wissen, warum Dad diese Matratze schlug. Muttergottes, sagte er, von so einer Kur gegen Flöhe habe ich noch nie gehört. Wußten Sie, daß, wenn ein Mann so springen könnte wie ein Floh, ein Sprung ihn halbwegs bis zum Mond tragen würde? Was man machen muß, ist folgendes: Wenn ihr mit dieser Matratze zurück ins Haus geht, legt sie verkehrt rum auf das Bett, und das wird die kleinen Scheißkerle verwirren. Sie werden nicht wissen, wo sie sind, und dann beißen sie die Matratze oder sich gegenseitig, und das ist die beste Kur von allen. Nachdem sie das menschliche Wesen gebissen haben, sind sie im Rausch, versteht ihr, denn um sie herum sind andere Flöhe, die ebenfalls das menschliche Wesen gebissen haben, und der Geruch des Blutes ist zuviel für sie, und sie verlieren den Verstand. Sie sind eine rechte gottverdammte Qual, und ich weiß, wo-

von ich rede, oder bin ich etwa nicht in Limerick aufgewachsen, unten in Irishtown, und die dortigen Flöhe waren so zahlreich und dreist, daß sie sich einem auf die Schuhspitze setzten und Irlands jammervolle Geschichte mit einem diskutierten. Es heißt, im alten Irland habe es keine Flöhe gegeben, die Engländer sollen sie eingeschleppt haben, damit wir endgültig überschnappen, und ich muß sagen, zuzutrauen wäre es ihnen. Und ist es nicht überaus seltsam, daß Sankt Patrick die Schlangen aus Irland vertrieben hat, und die Engländer haben uns die Flöhe gebracht. Jahrhundertelang war Irland ein herrlicher, friedlicher Ort, die Schlangen weg und keine Spur von einem Floh. Man konnte über die vier grünen Felder von Irland schlendern, ohne Angst vor Schlangen zu haben, und anschließend erwartete einen eine erquikkende Nachtruhe ohne Flöhe, die einen behelligen konnten. Diese Schlangen haben ohnehin keinen Schaden angerichtet, sie haben einen nicht belästigt, wenn sie nicht in die Enge getrieben wurden, und sie haben sich von anderen Geschöpfen ernährt, sie sich unter Büschen und ähnlichen Orten bewegten, wohingegen der Floh Ihnen das Blut am Morgen, zu Mittag, gegen Abend und in der Nacht aussaugt, denn das liegt in seiner Natur begründet, und er kann nichts dagegen unternehmen. Ich habe zuverlässig gehört, daß Orte, an denen es von Schlangen wimmelt, keine Flöhe haben. Arizona zum Beispiel. Ständig hört man von den Schlangen in Arizona, aber haben Sie je von den Flöhen in Arizona gehört? Ich wünsche euch viel Glück. Ich muß mich vorsehen, wenn ich hier stehe, denn wenn einer von ihnen auf meine Kleidung gelangt, kann ich auch gleich seine ganze Familie zu mir nach Hause einladen. Die vermehren sich schneller als die Hindus.
Dad sagte, Sie haben wohl nicht zufällig eine Zigarette?
Eine Zigarette? Doch, klar, natürlich. Bittesehr. Haben die Kippen mich etwa nicht auch schon so gut wie auf dem Gewissen, na bitte. Der gute alte trockene Husten, wissen

Sie. So kraftvoll, daß er mich fast vom Fahrrad haut. Ich kann spüren, wie sich dieser Husten in meiner Magengrube regt und sich seinen Weg durch meine Eingeweide nach oben bahnt, bis er mir als nächstes die Schädeldecke wegsprengt.

Er riß ein Streichholz an der Streichholzschachtel an, zündete sich eine Zigarette an und hielt Dad das Streichholz hin. Natürlich, sagte er, kriegt man zwangsläufig den Husten, wenn man in Limerick wohnt, denn dies ist die Hauptstadt des schwachen Brustkorbs, und der schwache Brustkorb führt zur Schwindsucht. Wenn alle Menschen in Limerick, welche die Schwindsucht haben, stürben, wäre dies eine Geisterstadt, obwohl ich persönlich die Schwindsucht nicht habe. Nein, dieser Husten war ein Geschenk der Deutschen. Er legte eine Pause ein, zog an seiner Zigarette und kämpfte mit einem Hustenanfall. Jesus aber auch, entschuldigen Sie die Formulierung, aber die Scheißkippen werden mich letztendlich noch mal umbringen. Na ja, ich werde Sie jetzt Ihrer Matratze überlassen, und vergessen Sie nicht, was ich Ihnen gesagt habe: Verwirren Sie die kleinen Scheißkerle.

Er eierte auf seinem Fahrrad davon, die Zigarette baumelte ihm aus dem Mund, der Husten erschütterte seinen Körper. Dad sagte, die Männer von Limerick reden zuviel. Komm, wir bringen die Matratze zurück und sehen, ob es in dieser Nacht noch Schlaf für uns gibt.

Mam saß vor der Feuerstelle, die Zwillinge schliefen auf ihrem Schoß, und Malachy hatte sich zu ihren Füßen auf dem Boden zusammengerollt. Sie sagte, mit wem habt ihr da gesprochen? Es hat sich sehr nach Pa Keating angehört, Aggies Mann. Das hab ich an dem Husten gemerkt. Den Husten hat er sich in Frankreich geholt, im Krieg, als er das Gas geschluckt hat.

Den Rest der Nacht verbrachten wir schlafend, und am Morgen sahen wir, wo sich die Flöhe gütlich getan hatten: Rosa war unser Fleisch von Flohstriemen und rot von Blut, wo wir uns gekratzt hatten.

Mam machte Tee und gebratenes Brot, und Dad betupfte noch mal unsere Bisse mit dem salzigen Wasser. Dann schleppte er die Matratze wieder nach draußen, auf den Hinterhof. An so einem kalten Tag erfrieren die Flöhe ganz bestimmt, und wir können heute nacht in Frieden durchschlafen.

Aus: Frank McCourt: Die Asche meiner Mutter. Irische Erinnerungen. Übersetzt von Harry Rowohlt. München 1996. –

Der Floh – wörtlich

Floh M., landschaftlich auch F. ›Pulex irritans L.‹ mhd. vlō(ch), ahd. flōh, mnd. mnl. vlō, ags. flēah, engl. flea, anord. flō: gemeingerm. Bildung zu *fliehen* (s. d.), somit ›der Aufspringende, Entkommende‹[1], wie J. Fischart schon 1573 richtig gesehen hat: »Vom Fliehen will ich Floh dich nennen«[2]. Verwandschaft mit lat. pūlex ist lautlich unmöglich[3]; dies steht wieder vereinzelt gegenüber griech. ψύλλος, ψύλλα und aslav. blŭcha, lit. blusà ›Floh‹[4]. Die nnord. Sprachen haben anord. flō aufgegeben; die Neubildung norw. mundartl. schwed. loppa, dän. loppe ›Floh‹ wird als ›kleiner Klumpen‹ gedeutet[5]. Auch in seinem Namen ist das Tier merkwürdig unstet.

Gebeugt wurde mhd. vlōch Sg., vlœhe Plur. Hier, im Inlaut vor unbetontem Vokal, ist h lautgesetzlich verstummt, aber in der Schreibung beibehalten (wie in *nahe, Rehe, zähe*). Das bestimmte nochmals die Aussprache auch des Sg. (wie in *nah, Reh, zäh*)[6].

Der Floh ist ein flügelloses, wahrscheinlich vom Zweiflügler abstammendes Insekt, das in etwa 400 Arten die ganze Erde bevölkert und das, älter als Mensch und Säugetier, vielleicht vor die Bernsteinzeit zu setzen ist. Die Anpassungsfähigkeit des Schmarotzers ist ungemein, nur auf Huftieren kann er nicht leben, findet sich aber sogar auf Stubenfliegen und behaarten Raupen. Er hat eine stattliche Zahl von Unterarten herausgebildet. Der Menschen-

1 Kluge-Götze, Etym. Wb. (1934) 166. 2 Flöhhaz 1183 Ndr. 3 A. Walde, Lat. etym. Wb. (1910) 622 f. 4 Franck-Wijk, Etym. Wb. d. nl. Taal (1912) 751. 5 E. Hellquist, Svensk etym. Ordbok (1922) 421. 6 H. Paul, Dt. Gramm. 1 (1916) 317. 2 (1917) 100.

floh ist ein Weltbürger, der nur in der Arktis durch Holopsyllus glacialis abgelöst wird. Daneben begegnen Eichhörnchen-, Hühner-, Hunde-, Igel-, Katzen-, Maulwurfs-, Mäusefloh usf. Der Rattenfloh (Xenopsylla eheopsis) bedeutet als Überträger der Beulenpest eine schwere Gefahr für den Menschen, ebenso der Sandfloh (Dermatophilus penetrans), erst 1872 von Rio nach Afrika verschleppt[7].
Die Wohnverhältnisse der Vorfahren haben, je urtümlicher sie waren, um so mehr das Ungeziefer begünstigt[8]. Kennzeichnend ist, daß es überall Fachausdrücke für ›Flöhe fangen‹ gibt: nhd. *flöhen*, mhd. vlœhenen[9], engl. flea, frz. épucer, span. espulgar, ital. spulciare usw.[10] Demgemäß finden sich zahllose Übernamen für die Plagegeister. Die Soldatensprache nennt sie braune Husaren, schwarze Dragoner, Schwarzreiter, Schutztruppe; deutschböhmischer Volksmund sagt Schwarzla[11]. Umgekehrt wird die Tierbezeichnung scherzhaft auf den Menschen übertragen. Der verkehrslästige Radfahrer wird Chaussee-, Straßenfloh gescholten, der Pariser bezeichnet mit puce die dunkle Spanierin, der Spanier nennt eine nervöse Person pulguilla, der Italiener versteht unter occhi di pulce, was wir Schweinsaugen heißen.
Das massenhafte Auftreten der Quälgeister hat den Menschen von je zum Nachdenken über ihren Ursprung bewogen. Aind. heißen sie malaga ›im Schmutz Erzeugte‹. Wie Aristoteles läßt sie das dt. Mittelalter aus Mist und Fäulnis entstehen: Pulex haizt ain flôch. Der wirt auz gewermtem staub und auz vauler fäuhten[12]. Beelzebub, der Gott des Unrats, gilt als Herr des Ungeziefers[13]. Vom Mythus wird der Floh (im Gegensatz zur Fliege) wenig

7 Brehm, Tierleben 2 (1933) 367 ff. 8 O. Schrader, Reallex. d. idg. Alt.-Kde. 2 (1929) 574. 9 J. Grimm 1862 DWb. 3, 1814. 10 R. Riegler, Das Tier im Spiegel d. Sprache (1907) 259 ff. 11 Handwb. d. dt. Aberglaubens 2 (1930) 1631 ff. 12 Konrad Megenberg, Buch d. Natur 305, 8 Pfeiffer. 13 Goethe 1808 Jub.-Ausg. 13, 61 (Faust I 1516).

verwertet: Hindernis waren die Komik der Springers und der Arten seiner Bekämpfung.
Aus dem Aberglauben werden die Abwehrbräuche verständlich. In der Oberpfalz fegt die Magd am Fastnacht-Ertag vor Sonnenaufgang nackt die Stube und leert den Kehricht unberedet auf des Nachbarn Müllhaufen. In Schwaben muß man am Karfreitag vor Sonnenaufgang fegen. Vielfach werden noch bei uns die Flöhe mit Erde bekämpft, wie schon bei Aristoteles. Eselsmilch, Fuchs- und Igelschmalz, Bocksblut, Farnkraut, Wermutsaft und Korianderwasser werden als flohscheuchend empfohlen. Mondlicht zieht sie an: neun bei Mondschein gefangene Flöhe soll man gegen Wechselfieber in Salbeiwasser trinken. Auch zu den Wetter- und Schicksalspropheten gehört der Floh: seine besondere Lebhaftigkeit oder ein Flohbiß am Hals zeigen Wetterwechsel an. Erscheint er auf der Stirn, so droht Krieg. Floh auf der Hand – Brief aus fernem Land! Wurde der bei einem Säugling gefundene Floh auf der Bibel getötet, so bekam das Kind eine gute Stimme[10].
Mannigfaltig sind die Zeugnisse geistiger Abwehr gegen den schwer zu bannenden Übeltäter. Schriftsteller aller Völker und Zeiten haben, je nach geistigem Vermögen, die Schandtaten des Tiers und die Verteidigung des hilflosen Menschen niedergelegt, an der Spitze J. Fischart[2]. Das Volk als scharfer Beobachter belächelt seine Leibespein aus flohvertrauten Wohnverhältnissen im Sprichwort. Wie die Laus, so erscheint auch der Floh als unbezwingbare Naturgewalt in überlebensgroßer Gestalt. Die Riesenflöhe der Alexandersage finden sich abgewandelt in deutschem Märchengut: vom Königsblut genährt, schwillt der Floh zum Ungeheuer. Die gegerbte Flohhaut dient als Kleid, Schuh, Trommelfell, Handschuh und als Preisrätsel für die unwillkommenen Freier der Prinzessin[14]. An Floh-

14 J. Bolte u. G. Polívka, Anmerkungen zu den Kinder- u. Hausmärchen der Brüder Grimm 1 (1913) 293. 3 (1918) 483. 4 (1930) 195.

schwänken reich ist die lat. Klosterliteratur des dt. Mittelalters. Der Dichter beneidet den Floh um seine Möglichkeiten bei der Geliebten. J. Geiler von Kaisersberg macht ihn kanzelfähig: ist inen (den Hausfrauen) ein floch am hals gesessen, so zürnen sie über die kellerin[15].

Den Meistern des dt. Barocks ist er willkommen: »Ein Floh der beißt und sticht; Er zwickt und pickt, Er stupft und hupft, Er kreucht und fleucht, Er kitzelt und bitzelt, Zitzelt und fitzelt, Krabelt und zabelt«[16]. Freidank, Hugo v. Trimberg, H. Sachs, H. W. Kirchhof, Moscherosch und Grimmelshausen runden das Bild[9]. Den Frauen setzt der Plagegeist am meisten zu, aber auch den Reichen und den Königen ohne Ansehen der Person; des freut sich der Volkswitz: »Es war einmal ein König, Der hett einen großen Floh. ... Und Herrn und Fraun am Hofe Die waren sehr geplagt, Die Königinn und die Zofe Gestochen und genagt«[17]. 1788 spottet Goethesche Anmut: »Cäsarn wär' ich wohl nie zu fernen Britannen gefolget, Florus hätte mich leicht in die Popine geschleppt! Denn mir bleiben weit mehr die Nebel des traurigen Nordens Als ein geschäftiges Volk südlicher Flöhe verhaßt«[18]. Klassisch ist der Floh bei C. Brentano[19]: der Schneider und seine Familie essen einen gebratenen Floh und fühlen sich – wie er – von königlichem Blut. E. Th. A. Hoffmann hat dem ›Meister Floh‹ 1822 eine Novelle gewidmet. Wh. Busch erweist seiner Haustierwürde gebührende Ehre im ›Pater Filucius‹. Launig benutzt ein Heutiger die Abenteuer eines Flohs zur Brandmarkung menschlicher Schwächen[20].

Wenngleich die romanischen Länder an Flöhen, so auch an Redensarten über ihn reicher sind, als die germanischen, so ist doch auch bei uns das sprichwörtliche

15 Brösamlin (1517) 50[b]. 16 E. Widmann, Musik. Kurzweil (1618) 375. 17 Goethe 1775 Jub.-Ausg. 13, 221 (Urfaust, Auerb. Keller). 18 das. 1, 165 (Röm. Eleg. 1, 15). 19 Märchen 1, 427 Cotta. 20 C. F. Wegener, Lebenslauf eines Flohs, bei Soffel u. Klabund, Der Tierkreis (1920) 224 ff.

Zeugnis beredt. Der Floh erscheint als Inbegriff der Behendigkeit, Kleinheit, Zudringlichkeit und Unbequemlichkeit. Man springt und hüpft wie ein Floh. Das Hüten der Tiere gilt als vergeblich Mühe[21]. Man soll nichts so eilends tun, wie Flöhe fangen. Wenn wir aus der Mücke einen Elefanten machen, während das im Süden aus Flöhen geschieht, so setzt man doch allerorten in Europa den Floh ins Ohr oder in den Pelz. Des Urhebers der kleinsten Leiden kann man sich am schwersten entledigen: »Dem Löwen wollt' ich Frieden geben, Ließen mich die Flöh' in Frieden leben.« Wer mit den Hunden zu Bett geht, steht mit Flöhen wieder auf. Hungrige Flöhe, die tun wehe. Je fetter der Floh, je magrer der Hund. Der Spitzfindige hört allenthalben in Europa die Flöhe husten.
Jedes Volk und jedermann hat seine eigne Art, Flöhe umzubringen oder zu ertragen. Der Franzose betrinkt sich – il charme les puces durch tiefen, beiderseits willkommenen Schlaf. W. Busch bezeugt »Mancher liebt das Exmittieren, Und die Sache geht ja auch. Aber sicher und am besten – Knacks! ist doch der alte Brauch«. Goethe erhebt den Floh zum Symbol nicht zu wendender Lebensnöte: »Willst du die Not des Hofes schauen: Da, wo dichs juckt, darfst du nicht krauen«[22].
Eine Fülle von Pflanzennamen wie Flohalant (Inula pulicaria), Flohhaber (Avena sterilis), Flohknöterich (Polygonum amphibium), Flohkraut (Mentha pulegium), Flohpfeffer (Polygonum hydropiper), Flohriedgras (Carex pulicaris), Flohsame (Plantago psyllion) erweisen die Volkstümlichkeit des Tiers auch von dieser letzten Seite.

Aus einem alten Wörterbuche.

21 Borchardt-Wustmann, Sprichw. Redensarten (1925) 132.
22 Jub.-Ausg. 24, 240 (Dicht. u. Wahrh. 3, 15).

Der Floh – sprichwörtlich

Besser Flöhe fangen als müßiggegangen.

Der Floh sticht zwar, aber er schadet nicht.

Einen Sack voll Flöhe hütet man leichter als ein junges Mädchen.

Ein fauler Hund ist voller Flöhe.

Je fetter der Floh, je magerer der Hund.

Je mehr Hunde, je mehr Flöhe.

Wer mit Hunden zu Bett geht, steht mit Flöhen auf.

Ein Floh im Ohr macht große Beschwerden.

Ein Floh kann auch beißen.

Es ist kein Unglück, wenn ein Floh auf ein weißes Tuch hustet.

In den weichsten Betten sitzen die Flöhe am liebsten.

In einem feinen Hemde gibt's auch Flöhe.

Hungrige Flöhe tun wehe.

Dürre Flöhe beißen scharf.

Die Flöhe husten hören.

Es flöht ein Hund den andern.

Zum Flohfangen gehört Behendigkeit.

Zum Flohfangen und Studieren braucht man keine Gesellschaft.

Flohfleisch ist das beste auf der Welt, die Weiber lecken die Finger danach!

Floh auf der Hand, Brot aus fernem Land.

Wen ein Floh im Traum beißt, der findet Geld.

Eine Flohgesellschaft. Anonyme Wiener Karikatur um 1840

Der Floh – redensartlich

Deutsch *Floh* beruht auf ahd. *floh,* mhd. *vlôch* (heute noch so im bayrisch-österr. Dialekt). Hiermit ist verwandt altengl. *fleah,* wovon neuengl. *flea*. Das Wort hängt mit »fliehen« zusammen. Seine ursprüngliche Bedeutung ist demnach »Flüchtiger«. (Vgl. die deutsche Redensart *springen wie ein Floh,* sowie die Benennung *sauteuse, sauterelle* »Springerin« in vielen franz. Dialekten.) Dic romanischen Bezeichnungen des Flohes: ital. *pulce,* span. *pulga,* franz. *puce* gehen sämtlich auf lat. *pulex* zurück.

Wegen seiner winzigen Gestalt erscheint der Floh häufig als Symbol der Kleinheit. So entspricht der deutschen Redensart »aus einer Mücke einen Elefanten machen« (vgl. pag. 257) im Ital. *fare d'una pulce un cavallo,* aus einem Floh ein Pferd machen (daneben auch: *fare d'una mosca un elefante*), im Span. *hacer de una pulga un camello,* aus einem Floh ein Kamel machen. Zum Elefanten wird der Floh in Gegensatz gebracht im ital. Sprichwort: *Il morso delle pulci no dà noia all' elefante,** der Biß der Flöhe läßt den Elefanten gleichgültig, d. h. ein Großer braucht die Beleidigungen der Kleinen nicht zu fürchten. Kleine Augen nennt der Italiener *occhi di pulce* »Flohaugen«, wofür der Deutsche den Ausdruck »Schweinsäuglein« gebraucht. So sagt man im Ital. auch lobend von einem Mädchen, das für feine Handarbeiten besonderes Geschick hat: *Ella sa fare gli occhi alle pulci,* sie kann den Flöhen die Augen machen. Bezug auf die Kleinheit des Flohes nimmt ferner die deutsche Redensart *die Flöhe husten hören,* die man

* Daneben auch: *L'elefante non teme il morso della pulce,* der Elefant fürchtet den Biß des Flohes nicht.

auf jemd. anwendet, der sich auf seine intellektuellen Fähigkeiten allzuviel einbildet, wobei, wie so oft, von der Schärfe der Sinne auf die Schärfe des Verstandes geschlossen wird. (Vgl. die Redensart »das Gras wachsen hören«.) Nur dem Ital. eigentümlich ist *color pulce* »flohfarben«, d. i. dunkelbraun. (Vgl. *la noire* »der Schwarze« als Bezeichnung des Flohs in franz. Dialekten.)
Auf die Springgewandtheit des Flohs bezieht sich im Deutschen die Redensart *springen* oder *hüpfen wie ein Floh.* (Vgl. portug. *em passinho de pulga,* im Flohschritt, d. h. »hüpfend, tanzend«.) Unserem »Katzensprung« entspricht im Portug. der »Flohsprung« (*n'um salto de pulga* = in einem Nu). Da dieses Insekt infolge seiner Virtuosität im Springen seinen Verfolgern leicht entkommt,* verwendet man im Deutschen die Redensart *Flöhe hüten* im Sinne von »Unnützes, Vergebliches tun«. Näheres über die Geschichte dieser Redensart bringt Borchardt-Wustmann, Sprichwörtl. Redensarten, pag. 154. Von einem, der die Zeit mit Albernheiten vertrödelt, sagt der Franzose: *Il mesure les sauts d'une puce,* er mißt Flohsprünge. Auf der ungemeinen Beweglichkeit des Flohs, durch die er sich wesentlich von seiner schwerfälligen Vetterin, der Wanze, unterscheidet, beruht im Span. der Gebrauch von *pulga* in der Bedeutung »Kreisel«. (Vgl. im Franz. den Vergleich *dégourdi, éveillé comme une puce,* munter, lebhaft wie ein Floh.) Desgleichen bezeichnet der Spanier eine lebhafte Person mit *pulguillas,* während der Deutsche den auf der Landstraße dahinschießenden Radfahrer *Chausseefloh* nennt. Hierher zu ziehen wären schließlich auch ital. *pulcella,* franz. *pucelle* »junges Mädchen, Jungfrau«, wenn man Försters Vermutung, nach welcher diese Wörter als Diminutive von *puce* »Floh« und nicht von lat. *puella*

* Daher das deutsche Sprichwort: *Nichts mit Hast als Flöhe fangen,* wozu sich Analoga im Engl., bzw. Schottischen *(Naething to be done in haste but gripping fleas)* und im Franz. finden: *Il ne faut se presser en rien, excepté pour attraper des puces.*

»Mädchen« aufzufassen sind, Glauben schenken darf. Caix sieht sogar in ital. *spillonzora* »junge Frau« ein Derivatum von lat. *pulicellus* »kleiner Floh«.
Zahlreich sind die Metaphern, die sich auf das Schmarotzertum des Flohs beziehen, der sich vom Blute der Menschen und Tiere nährt und selbst bei größter Reinlichkeit nicht ganz zu vermeiden ist, weshalb er im Palast des Reichen ebenso angetroffen wird wie in der Hütte des Armen. Der Biß des Flohes ist weder besonders schmerzhaft noch auch gefährlich, weswegen der Engländer mit *flea-bite* »Flohbiß« eine unbedeutende Verwundung zu bezeichnen pflegt. Auf Metonymie (Ursache für Wirkung) beruht der im Ital. übliche Ausdruck *pulce secca* »trockener Floh« für einen Kniff in die Haut. Ebenso setzt der Franzose für »Flohstich« einfach »Floh«, indem er das heftige Hautjucken, welches die in Taucherglocken Befindlichen befällt, *puces* nennt. Vom Flohstich hergenommen ist ferner die allen Kultursprachen gemeinsame Redensart *jemd. einen Floh ins Ohr setzen,* d. h. jemd. eine beunruhigende Mitteilung machen. Engl.: *to put a flea in a person's ear,* ital.: *mettere a qd. una pulce* nell' orecchio,* span.: *echar la pulga detrás de la oreja,* franz.: *mettre la puce à l'oreille de qn.* und dementsprechend *avoir la puce à l'oreille.* So sagt der Spanier von einem übertrieben lebhaften Menschen: *Tiene pulgas,* er hat Flöhe, indem er hierbei an die durch die Flohbisse verursachten wetzenden und kratzenden Bewegungen denkt. Von einem, der sich eine energische Abfuhr geholt hat, sagt der Engländer: *He was sent off with a flea in the ear,* er wurde mit einem Floh im Ohre fortgeschickt, d. h. er lief mit der Schnelligkeit etwa eines Hundes, dem ein Floh ins Ohr gekrochen. Launig ist die franz. Redensart *charmer les puces,* den Flöhen ein Vergnügen machen, d. h. schwer betrunken sein. Die Folge der Volltrunkenheit ist gewöhnlich ein tiefer Schlaf, während dessen die Flöhe sich nach Herzenslust an dem

* Auch *zanzara* »Mücke« oder *calabrone* »Horniß«.

Blute ihres Opfers vollsaugen können. (Vgl. *donner à manger aux puces,* den Flöhen zu fressen geben, für »schlafen«.)* Deutsch sagt man scherzhaft: *Angenehmen Flohbiß* für »angenehme Ruhe«. (Vgl. Heeger, Tiere im pfälz. Volksmunde, 2. T., pag. 16.)
Daß die Flöhe durch ihre hartnäckigen Angriffe den Menschen in Wut bringen können, geht hervor aus der span. Redensart *tener malas pulgas,* böse Flöhe haben, d. h. leicht gereizt werden, keinen Spaß verstehen. (Vgl. weiter oben *tener pulgas.*) In ähnlichem Sinne sagt man auch von einem, der sich nichts gefallen läßt: *No aguanta, no sufre pulgas,* er verträgt keine Flöhe. Mit dem Blutsaugen der Flöhe vergleicht der Pariser auch die widernatürlichen Liebkosungen perverser Weiber, indem er diese als *puces travailleuses* bezeichnet.
Überhaupt erscheint der Floh, ähnlich der Fliege, als Symbol des Lästigen, Zudringlichen, was dem Wesen des Tieres vollkommen entspricht. So sagt der Italiener von einem aufdringlichen Menschen: *È noioso quanto le pulci,* er ist lästig wie die Flöhe, und der Pariser nennt den ihn bedrängenden Gläubiger *une puce à l'oreille,* einen Floh im Ohr. (Vgl. weiter oben die Redensart *mettre une puce à l'oreille de qn.*) Wenn der Engländer sagt: *Let that flea stick on the wall,* laß diesen Floh an der Wand, so meint er damit eine heikle Geschichte, an der man nicht rühren soll.
Aber nicht nur der Mensch, auch Tiere haben unter Flöhen zu leiden. Auf die Vorliebe dieser Insekten für Hunde bezieht sich das deutsche Sprichwort: *Wer mit Hunden zu Bette geht, steht mit Flöhen wieder auf,* d. h. wer sich in anrüchiger Gesellschaft bewegt, wird selbst nicht makellos bleiben. Dies Sprichwort besitzt Analoga in den übrigen Kultursprachen. Es lautet engl.: *He that lies down with dogs,*

* Originell ist das franz. Sprichwort: *Il ne faut pas laisser de dormir pour les puces,* der Flöhe wegen darf man das Schlafen nicht lassen, d. h. die kleinen Unannehmlichkeiten des Lebens dürfen den Menschen nicht aus seiner Ruhe bringen.

will get up with fleas, ital.: *Chi si corica coi cani, si leva colle pulci*, span.: *Quien con perros se echa, con pulgas se levanta*, franz.: *Qui se couche avec des chiens, se lève avec des puces.*

Daß der Mensch so unangenehme Gäste, wie es Flöhe sind, loszuwerden sucht, ist begreiflich. Besonders das schöne Geschlecht, auf das es die Flöhe namentlich abgesehen haben, lebt auf beständigem Kriegsfuß mit diesen kampfeslustigen Tierchen. Die elementarste, allerdings nicht erfolgreichste Art, sich von Flöhen zu befreien, ist das Ausschütteln und Ausklopfen der von diesen Insekten bewohnten Kleidungsstücke. Hierauf beruht die span. Redensart *sacudirse las pulgas*, sich die Flöhe abschütteln, d. h. unleidlich, empfindlich sein. Auch sagt der Franzose von einem, der Prügel bekommen hat, man habe ihm die Flöhe abgeschüttelt, *on lui a secoué les puces*. Mit Bezug auf die Gewohnheit mancher Weiber, unmittelbar vor dem Schlafengehen eine Flohjagd abzuhalten, sagt der Franzose ironisch von einer viel beschäftigten Frauensperson: *Elle n'a même pas le temps de chercher ses puces*, sie hat nicht einmal zum Flohsuchen Zeit. Hierher gehört ferner das span. Sprichwort: *Cada uno tiene su modo de matar pulgas*, jeder hat seine eigene Manier, Flöhe umzubringen, d. h. jeder nach seiner Art. Daß aus der Art und Weise, wie der Mensch kleine, unbedeutende Verrichtungen des menschlichen Lebens erledigt, Schlüsse auf seinen Charakter gezogen werden, ist keine Seltenheit. (Eine Reihe origineller auf den Floh bezüglicher Sprichwörter findet man bei Rolland, Faune pop., III, pag. 258 ff.) Übrigens besitzen alle Kultursprachen für den Begriff »Flöhe fangen« ein eigenes Verbum. Deutsch: *flöhen*, engl.: *to flea*, ital.: *spulciare*,* span.: *espulgar*, franz.: *épucer*. In den romanischen Sprachen werden die betreffenden Verba auch metaphorisch gebraucht im Sinne von »genau, nach allen Richtungen untersuchen«.

* Der Italiener sagt: *Vatti far spulciare*, laß dich flöhen, im Sinne des deutschen: Laß dich heimgeigen.

Da Flöhe dort besonders gedeihen, wo viel Staub und Schmutz ist, bezeichnet der Italiener eine schmutzige Behausung als *pulciaio* »Flohnest«. Hiermit läßt sich vergleichen im Pariser Argot *pucier* für »Bett«.

Aus: Richard Riegler: Das Tier im Spiegel der Sprache. Dresden 1907.

Der Floh – umgangssprachlich

Jemandem einen (faustdicken) Floh ins Ohr setzen.

Jemandem einen Floh in den Pelz setzen.

Du hast wohl einen Floh im Ohr.

Meine Flöhe sind alle. (Geld)

Wenn deine Flöhe dafür reichen.

Flohkino (Kleines Kino der frühen Filmzeit)

Flohkiste (Bett)

Angenehmes Flohbeißen! (Gute Nacht!)

»Es läuft manchmal ein Floh mit unter«, sagte der Bettler, der auf Läusefang war.

»Das hat keinen Geschmack mehr«, sagte der Floh, als er einem alten Weibe am Beine saß.

Der Floh – zirzensisch

Das älteste Buch, in dem über einen Flohzirkus berichtet wird, stammt aus dem Jahre 1629. Der italienische Gelehrte Aldrovandi (1522–1605) berichtet in seinem nachgelassenen Werk »Historiam de insectis prolegomena« (Frankfurt 1629, Seite 222) von einem Holländer und einem Venetianer, die mit dressierten Flöhen durch die Welt zogen.

In der Regel handelt es sich dabei um Vorführungen mit dem Menschenfloh. Es sind nicht etwa wirkliche Dressurleistungen, sondern die geschickte Ausnutzung verschiedener Verhaltensweisen der Flöhe. Zu diesem Zweck »fesselt« man sie mit überaus feinen Gold- oder Silberdrähten um die Hinterbrust, damit sie nicht wegspringen können. Laufen ist natürlich noch möglich.

Durch Abreagieren ihres Bewegungsdrangs können die Flöhe zum Beispiel kleine Wagen ziehen. Die Richtung wird dadurch beeinflußt, daß Flöhe den Weg ins Dunkle zu nehmen versuchen.

Die gewerbsmäßige Schaustellung von Flöhen hat der Tscheche Raimund Otawa um 1900 kultiviert. Er ließ seine Protagonisten unter anderem auch Karussells betreiben.

Flohzirkusse gab es natürlich schon viel früher.

Lemmery erzählt vor 1735 in seinem »Material-Lexico« (Seite 923) die dann oft zitierte Stelle: »Bey der Mademoiselle Cusson zu Paris in der Jacobs-Strasse habe ich einen Floh gesehen von mittelmäßiger Grösse, der war an ein klein silbern Stück geleget, und zoge dasselbe fort. Das Stücke war eines halben Nagels lang, wie eine Neh-Nadel dicke, und wuge dennoch achtzig mahl mehr als der Floh. Es lag eine 2 kleinen Rädern, und war just so gestalltet als wie ein grosses Stücke, das man im Kriege brauchet; bißweilen wurde es geladen und loß gebrannt, ohne daß sich der Floh darüber entsetzet hätte. Seine Herrschaft verwahrte ihn in einem kleinen Büchsgen mit Sammet ausgefüttert, das führte sie in dem Sacke bey sich. Sie erhielt ihn auch gar leichtlich, denn sie setzte ihn alle Tage eine halbe Vierthels-Stunde auf den Arm, daraus saugete der Floh etliche Tropfen Blut, ohne daß sie dasselbe sehr empfunde. Der Winter nahm ihn weg, ob er gleich zieml. warm gehalten wurde.«

In seiner »Mikrographie« (London 1665/67) erzählt Hook von einem englischen Künstler, der aus Elfenbein eine Kutsche mit sechs Pferden geschnitzt hatte. In ihr saßen sechs Personen. Hintendrauf standen zwei Lakaien, auf dem Bock saß der Kutscher, zwischen dessen Füßen ein Hund lag. Das Ganze wurde von einem Floh gezogen.

Besonders feine Ketten, die man Flöhen anlegen konnte, sollen ehemals aus Nürnberg und Augsburg gekommen sein, berichtet der Reisende Keyssler 1730 im ersten Band seiner »Neuen Reisen« (Seite 65). Einen künstlich angeketteten Floh sah August von Kotzebue im Jahre 1803 in Paris. Wie auch schon Leo Africanus in der ersten Hälfte des 16. Jahrhunderts in Kairo den Triumphzug für einen ägyptischen Künstler erlebte: »Die Handwerker pflegen jenen von ihren Zunftgenossen, der etwa eine neue und sinnreiche Sache erfunden hat, mit einem Rock aus Brokat zu bekleiden und ihn mit Musikanten, wie im Triumph bei allen Buden herumzuführen; jeder beschenkte ihn mit etwas Geld. So sah ich einmal einen, der so mit Musik herumgeführt wurde, weil er eine Kette für einen Floh gemacht hatte, den er auf einem Blatt Papier zeigte.«

Den letzten deutschen Flohzirkus erlebte der Schriftsteller Hugo Hartung Mitte der fünfziger Jahre (Wir Wunderkinder, Düsseldorf 1957, Seite 164). Sein Kommentar: »Wir juckten uns teilnehmend.«

Der berühmteste Floh der Zirkusgeschichte heißt Alfons. Kein Mensch weiß, wie alt er ist, doch zuletzt (1996) wurde er in Prof. Cratzleigh's Flea Circus bei einem Auftritt in München beobachtet. Alfons und der Prof. Cratzleigh begegneten sich einst auf dem Rücken eines ägyptischen Kamels, wo sie einander mit großen Augen entdeckten. Seither sind sie ein Herz und eine Seele. Während der Floh-Show erfährt man ergreifende Geschichten, etwa wie Alfons vergeblich versuchte, mit seiner Unterhose in den Farben der Nationalflagge die Queen zu grüßen. Höhepunkte des Abends sind die Todesverachtung, mit der Alfons übers Trapez turnt, die Wasserfontänen, wenn er ins Wasser springt, und der Wagen, den er herkulesstark schleppt.

Der Floh – mechanisch

Der erstaunliche Floh aus gehärtetem englischen Stahl verblieb in der Schatulle Alexander Pawlowitschs unter dem Fischbein, bis jener in Taganrog starb. Vor seinem Tod hatte er die Schatulle dem Popen Fedor übergeben, und jener sollte sie der Kaiserin aushändigen, wenn sie sich getröstet habe. Die Kaiserin Jelisaweta Alexejewna betrachtete die Variationen des Flohs, lächelte darüber, beschäftigte sich aber nicht weiter damit.

»Ich bin jetzt Witwe«, sprach sie, »und Spielereien können mich nicht verführen.« Nach der Rückkehr nach Petersburg übergab sie das Wunderding mit allen anderen Kostbarkeiten dem neuen Herrscher als Erbe.

Der Kaiser Nikolai Pawlowitsch schenkte dem Floh anfangs keinerlei Beachtung, weil bei seiner Thronbesteigung eine »Verwirrung« herrschte, aber später sah er einmal die von seinem Bruder hinterlassene Schatulle durch, langte aus ihr die Tabaksdose heraus, aus der Tabaksdose die Brillantnuß, und in ihr fand er den stählernen Floh, der schon lange nicht mehr aufgezogen war und deshalb nicht tanzte, sondern ruhig, wie erstarrt, dalag.

Der Herrscher betrachtete ihn und verwunderte sich. »Was ist das wohl für eine Spielerei, und wozu hat mein Bruder sie so sorgsam aufbewahrt?«

Die Hofleute wollten sie wegwerfen, aber der Herrscher sagte:

»Nein, das hat etwas zu bedeuten.«

Man rief einen Chemiker aus der Apotheke gegenüber der Anitschkinbrücke, der auf ganz feinen Waagen Gift abzuwiegen pflegte, und zeigte ihm den Floh. Jener nahm ihn, legte ihn auf die Zunge und sprach: »Ich empfinde

Kälte wie von festem Metall.« Darauf drückte er ihn leicht mit den Zähnen und erklärte:
»Wenn es Ihnen beliebt, so ist dies kein echter Floh, sondern eine Nymphosorie. Sie ist aus Metall hergestellt, aber das ist nicht unsere, nicht russische Arbeit.«
Der Herrscher befahl, sofort zu erkunden, woher dies Ding stamme und was es bedeute.
Man stürzte sich auf die Akten und Listen, aber in den Akten war nichts verzeichnet. Man fragte den einen und den anderen, niemand wußte etwas. Doch zum Glück war der Donkosak Platow noch am Leben, lag sogar noch immer auf seinem Verdrußsofa und rauchte seine Pfeife. Sowie er von der Unruhe am Hofe hörte, erhob er sich von seinem Sofa, warf die Pfeife weg und erschien in all seinen Orden vor dem Herrscher.
Der Herrscher fragte:
»Was willst du von mir, tapferer Greis?«
Und Platow antwortete:
»Eure Majestät, ich brauche nichts für mich, denn ich habe zu trinken, so viel ich will, und bin mit allem zufrieden. Aber«, spricht er, »ich bin gekommen, um bezüglich dieser Nymphosorie Bericht zu erstatten, die Sie gefunden haben. Das«, spricht er, »war so und so, und so spielte es sich vor meinen Augen in England ab, und hier liegt das Schlüsselchen dabei, und ich besitze das Winzigglas, durch das man es sehen kann, und mit diesem Schlüsselchen kann man im Bäuchlein der Nymphosorie eine Feder aufziehen, und der Floh wird hüpfen, wie es Ihnen gefällt, und Variationen seitwärts machen.«
Man zog den Floh auf, und er hüpfte, Platow aber sagte:
»Es ist klar, Eure Majestät, daß diese Arbeit sehr fein und sehr interessant ist, aber es ziemt sich nicht für uns, sie voll Entzücken zu bestaunen, man müßte in Tula oder in Sesterbek«, damals nannte man Sestrorezk noch Sesterbek, »von Russen überprüfen lassen, ob nicht unsere Meister dasselbe hervorbringen können, damit die Engländer sich nicht über die Russen erheben.«

Der Herrscher Nikolai Pawlowitsch hatte großes Vertrauen zu seinen russischen Menschen und liebte es nicht, hinter einem Ausländer zurückzustehen, und so antwortete er Platow:
»Das hast du brav gesprochen, tapferer Greis, und ich übertrage dir diese Sache. In all meinen Sorgen brauche ich dieses Schächtelchen jetzt sowieso nicht, so nimm es an dich, lege dich nicht wieder auf dein Verdrußsofa, sondern fahre an den stillen Don und führe dort mit meinen Donezrussen vertrauliche Gespräche über ihr Leben und ihre Ergebenheit und über das, was ihnen beliebt. Und wenn du durch Tula fährst, so zeige meinen Tulaer Meistern diese Nymphosorie und sage ihnen, sie möchten darüber nachdenken. Sage ihnen von mir, daß mein Bruder dieses Ding bewundert habe und fremde Leute, die diese Nymphosorie herstellten, über alles lobte, daß ich aber auf die Meinen vertraue, daß sie nicht schlechter als andere sind. Sie werden mein Wort nicht zuschanden machen und irgend etwas fertigbringen.«

Aus: Nikolaj S. Leskow: Der Linkshänder. Übersetzt von Ruth Hanschmann. Leipzig 1952. – © Sammlung Dieterich Verlagsgesellschaft mbH, Leipzig; 1952, 1992.

DER GUT BRONZIERTE FLOH. Eine Rokoketterie.

Honestus hatte eifersüchtig aufgequietscht, und die Marquise lächelte wohlgemut. Indem trat der König selbst ein. Se. Majestät trugen ihr Embonpoint huldvollst vor sich her. Sie setzten sich an den golddurchbrochenen Marmortisch und beliebten, zum Verdruß des Honestus, mit der Marquise zu scherzen. »Sie waren Milchmagd, Madame, bevor ich die Gnade hatte, Sie schön zu finden. Ist der Marquis (Honestus war gemeint) zufrieden?« Honestus knirschte mit den Zähnen, preßte seine Lippen fanatisch zusammen, sprang auf, verbeugte sich: »Vollkommen, Sire!« Der König sagte: »Überhaupt Milchmägde. Ich bin kein Schwärmer, aber ich finde doch, gerade Milch fasziniert die erotische Phantasie. Wie erstaunlich! Eine flammende Begierde durch sanfte Milch entzündet. Honestus allerdings (der König feixte ordinär) trinkt nicht mehr kuhwarm.« (Honestus war Viehknecht gewesen, bevor er das Marquisat erhalten hatte.) »Ich hole mir«, beteuerte der König, »meine Geliebten am liebsten aus Kuhställen. Dieses Beieinander von Anmut und Mist, Mädchenduft und Dünger, Milchweiße und Kot durchdringt sich in meinem Herzen zu einem innigen Zusammen. Ich fühle mich göttlich-irdisch, König und Bauer in einem. Ich herrsche, ich unterliege, ich berausche mich in diesem Vergessenkönnen des Ranges unter doch so souveränen Gefühlen … Wissen Sie einen Mann für Toinette, Honestus?« »Geben Sie sie einem echten Kuhhirten, Majestät!« »Seht! Er hält sich bereits für unecht, und gewissermaßen irrt er sich nicht. Ich verändre die Natur. Ich wollte nur, Honestus ... das ist aber ein heikeler Punkt ...« er lachte: »buchstäblich ein Punkt, Honestus. Ich würde ihren Gemahl zum Herzog machen. Sagen Sie mir, Marquis: ich geniere mich, aber es muß erwähnt werden; es gibt dort nur allzu echtes Ungeziefer.« Er lüpfte sein Knie. »Ich bin zerstochen. Miniaturattentate, niedliche Majestätsbeleidigungen.« »... Insektenpulver, Majestät ...« »Mäßiger Geist, Honestus! Mangel an Erfindung! Wünsche graziöseres Auskunftsmittel.«

Die Marquise girrte ihr Trillerlachen: »Mir fällt etwas Amüsantes ein. Es gibt goldenen Puder; man sollte das Insektenpulver damit durchmengen!« »Göttlich, Marquise!« rief der König, er freute sich und kniff ihre Wangen, worüber Honestus fast auffuhr. Des Honestus Eifersucht vergnügte den alten dicken König, der den Honestus in der komfortablen Zelle des Hoflebens wohlgefangen wußte. Gab es etwas Angenehmeres? Man verführte die Bräute der Hirten und polierte dann die verliebten Pärchen bis zum blanksten Adel. Man umgab sich mit reizenden Körpern, welche die echt feudalen beschämten, meistens illegitim vom Uradel abstammten und papageienhaft den zeremoniellen Jargon reden lernten; unterlaufende Vulgarismen trugen zum Entzücken des königlichen Wüstlings bei.

Honestus gefiel sich in einem Racheakte, der, wie alle Akte dieses gezähmten Tieres, von boshafter Harmlosigkeit war. Anstatt Insektenpulver golden zu bronzieren, verpulverte er den goldenen Mehlpuder seiner Dame allenthalben im Stall; ja, er unterstand sich, die schöne Toinette damit sorgfältig zu überstäuben, nicht nur ihren stoffenen, sondern auch den rosigweißen Rock, den sie von der Natur hatte. Toinette ließ es sich nicht ungern gefallen. Die beiden schäkerten kräftig; ihr Zusammensein artete fast in ein Schäferstündchen aus.

Als der König Toinetten aufsuchte, war seine erste Frage: »Hm? Insektenpulver?« Und als es bejaht wurde, fragte

er: »Goldenes?« »Echt goldenes«, antwortete der hübsche Mund. Aber davon konnte sich bald der ganze Hof überzeugen.
Schon am nächsten Tage verzog die Königin bei der Tafel ihr Gesicht so schmerzlich, daß alles erschrak. Alle Hofdamen, voran die alte Oberzeremonienmeisterin, umflatterten die hohe Dame. Diese tat einen kleinen Schrei und flüsterte der Alten etwas ins Ohr. »Oh! Oh!« machte diese und beäugelte die Königin ängstlich suchend durch ihre Schildpattlorgnette. Da sah man plötzlich aus dem Busenlatz der Majestät sich eine zarte goldene Staubwolke erheben: drei goldene punktartige Wesen sprangen auf die weißdamastene Tischdecke und hüpften blinkend zwischen Kristallen und Metallen umher. Es begann eine komisch zeremoniöse Jagd nach dem unbegreiflichen Etwas. Der König saß, vor Lachen außer sich geratend, still. Honestus stierte, die Schadenfreude verbeißend, seine erschrockene Marquise an. Zwei der goldenen Punkte färbten bereits das Tischtuch schwarzgoldrot. Allein der dritte sprang munter zur Königin zurück und verschwand wieder unter deren Busenlatz. Das arme königliche Weib flog auf und mit dem Schwarm der Hofdamen in ihr Boudoir. Die Herren, mit Ausnahme des Königs und Honestus, sahen sich verstört und verwundert an. Der König schrie vor Lachen: »Das hast du famos gemacht, Marquis. Aber du hast wohl schlechtes Insektenpulver genommen? Das Zeug lebt ja noch.« Honestus zuckte die Achseln. »Soll ich dich selbst bronzieren lassen, Honestus, wie jenen Bengel, der zu katholischen Prozessionszwecken in der Renaissance daran starb?« –
Die Flügeltüren öffneten sich. Die Damen erschienen wieder. Eine Kammerzofe präsentierte hinter der Königin auf elfenbeinernem Tablett einen winzigen goldenen Fleck. Die Königin ließ den gut bronzierten Floh vor den König hinsetzen. Das Tierchen war vom Hofmechaniker mit einem spinnfadendünnen silbernen Seidenfaden an einen kleinen Ebenholzpflock auf der Elfenbeinplatte

befestigt worden und tanzte nun unter der durchlauchtigsten Nase seine pikanten Sprünge. Der Hof erstarb in ehrfürchtigem Schweigen, während Majestät das juwelisierte Tierchen in gnädigen Augenschein nahm.
Und was war die Folge? – Goldbronziertes Ungeziefer wurde hoffähig – nicht allein hoffähig, sondern es war direkt unfair, sich keines zu halten. Ja, schließlich trug man es in irgendeiner Sicherung am Leibe; die Damen im Haar, am Ohrring, Armband, Fächer; die Herren am Knopf, am Degen, im Jabot. Flöhe, Läuse, Wanzen in Gold, Silber, Kupfer und anderen Edelmaterien wurden dernier cri. Man sah die Königin nie mehr ohne Goldfloh. Toinettens Stall war das Quellmagazin der Brikabrakmenagerie. Diese kuhmagdliche Mätresse heiratete später den geherzogten Schweinetreiber Jacquesjean. Ihr Brautkleid war mit diamantengepuderten Flöhen gespickt. Ihr Geschlecht aber führt ein Tierchen im Wappen, das jedes zarte Schamgefühl unbedingt beleidigt; es bleibe ungenannt; es genüge die Andeutung, daß der König mit Beziehung darauf im groben Munde seines Volkes als der dunkelgrau Gesalbteste fortlebt. Übrigens sticht ein springlebendiger Goldpunkt gegen eine liebliche Frauenwange wie das feinste Schönheitspflästerchen ab. Versuchen Sie's, reizende Leserinnen!

Aus: Mynona: Das widerspenstige Brautbett und andere Grotesken. München 1921. – Mit Genehmigung von Hartmut Geerken, Herrsching.

Der Floh – sportlich

Glücklich d'rum preis' ich den lockern Gesellen,
Pulex, den Turner in braunem Tricot,
Wenn er in Sprüngen verwegenen, schnellen,
Himmelhoch jauchzet frisch, fromm, frei und froh!

Spitzest Du Holde noch ihm Deine Finger,
Wenn er am Knie Dir sich sattschwelgt beim Schmauß,
Hurrah! da sitzt Dir der rüstige Springer
Schon auf der Mamma und lacht Dich was aus.

Dehnt sich mit wollustvollem Behagen,
Wetzt seine Klinge zum blutigen Lohn.
Denn hier pflegt er am liebsten zu jagen,
Des Gebirges bräunlicher Sohn!

Aus: Dr. Supinator Longus: Der Mensch und der Parasit. Magdeburg 1872.

Der Floh – hüpfend

Einst ging ich am Strande der Donau und fand
Ein schlafendes Mädchen im weißen Gewand.

Da lag sie im Grase so sanft hingestreckt,
Ihr Busen vom Hemdchen war kaum noch bedeckt.

Auf einmal, da stach sie ein hüpfender Floh,
Ich weiß wohl die Stelle, sag's aber nicht wo.

Und als sie vom Schlafe und Traume erwacht:
»Du schelmischer Bube, was hast Du gemacht?«

»Du raubtest im Schlafe mein Kränzchen, ei, ei,
Nun ist es mit Ehre und Unschuld vorbei!«

Jetzt ist sie mein Weibchen und des bin ich froh,
Und danke dies alles dem hüpfenden Floh!«

Verlohrne Jungfernschaft durch Flöhe

Von dieser hat man schon gelesen,
Daß sie nicht Jungfer mehr gewesen,
Ein Finger und ein Ritters-Mann
Hat ihr schön längst den Todt gethan.

S. v. B., Auferweckte Gedichte 1702
(Salomon von Bolau ist Friedrich von Logau)

Nachdem ich lange Zeit die weiße Brust bewacht,
So kahm ich an den Ort, woselbst die Anmuth lacht;
Allein den Vorwitz muß ich mit dem Leben büßen,
Denn allda wil man nichts als große Stachel wissen.

Celander 1715

Der Weiber Calender

Wann die Flöh die Weiber necken,
Wil die Lufft nur Näß erwecken,
Wann sie sticht der böse Wurm,
Folgt gewiß ein Hagel-Sturm.

Der Floh – hocherotisch

Der Floh.

Ein Beytrag zu den großen Begebenheiten aus kleinen Ursachen.

Quis vetet, appofito lumen de lumine fumi?

OVID.

Ausgestreckt an dem Ufer eines Bachs, der durch blumichte Wiesen floß, lag *Minettgen*, ein muntres zwölfjähriges Mädchen, dem man den Beruf, einst für die Welt und deren Freuden zu leben, deutlich in den schwarzen Augen lesen konnte, ohne eine phisiognomische Brille auf der Nase zu haben. Sie hatte sich ermüdet indem sie Blumen zu einigen Sträußern pflückte, die sie ihren Gespielinnen schenken wollte, den schönsten aber *Carln*, den sie seit einiger Zeit lieber als jene hatte. Das war auch ganz natürlich, denn ihre Temperamente waren einander gleich, und er suchte auch sie vor allen andern. Mit jenen zärtlichen Geschöpfchen die schon überlaut schrien, wenn er ihnen ein wenig derb die Hand drückte, gab er sich ungern ab. Kam er aber mit *Minetten* zusammen, dann giengs an ein Schwärmen. Sie jagten einander umher, er drehte sie ein Dutzendmal im Kreise herum, warf sie nieder, kützelte sie, ließ sich auch von ihr umpurzeln, und sie nahmen einander nichts übel. – Die Gefühle des Mädchens waren erwacht; eine gewisse Sehnsucht, oder vielmehr Begierde nach einem Gute, dem sie keinen Namen zu geben wußte, ward in ihr rege; einige dunkle Ideen gaben ihr zu erkennen, daß es das andre Geschlecht sey, das ihr Aufklärung,

wo nicht gar Befriedigung ihrer geheimen Wünsche gewähren könnte; und da war ihr erster Gedank immer *Carl*. Ihr Blut rann dann schneller, ihr wachsender, schon reizender Busen hob sich, sie machte die kleinen engen Schrittchen, die an dem zartesten Theile des weiblichen Körpers eine gewisse wohlthätige Reibung hervorbringen, und an welchen man bey Mädchen ihres Alters die angehende Reife derjenigen süßen Frucht erkennt, nach welcher Götter und Menschen lüstern sind. Ein kleines Manövre, das man um desto leichter bemerken kann, je unbeobachteter sie sich dabey dünken. –
Minettgen band also Sträußer, dachte dabey natürlicherweise an *Carln*, dann an sich, konnte gewisse Dinge nicht zusammen reimen, die in ihrem kleinen Köpfchen aufstiegen, sann und sann, und schlief endlich gar darüber ein. – Das war ein süsser Schlaf. Morpheus umgaukelte sie mit den wollüstigsten Träumen. Die Bilder ihrer Einbildungskraft stellten sich ihr im Schlafe weit lebhafter dar. – »Auweh!« rief sie auf einmal aus und fuhr in die Höhe. Ein Floh, der sie empfindlich gestochen hatte, war die Ursach dieses Schreyes. Das Mädchen war sonst herzensgut, sie konnte dem kleinsten Würmchen nichts zu leide thun, aber jetzt war sie ausserordentlich böse; nicht sowohl des kleinen Schmerzes, als der wonnigen Empfindungen wegen, aus denen sie so plötzlich war gerissen worden, und das war freylich keine Kleinigkeit. – Wer läßt sich gern, wachend oder schlafend, in seinen Phantasien stören? Und ein Mädchen! – Und diese Phantasien – so süß – so bezaubernd – und nun auf einmal ihnen, vielleicht auf immer, entrissen? – Mit nichts geringerm als seinem Leben sollte der Verbrecher büßen. Mit Wuth im Auge und dem emsigsten Bestreben suchte sie ihn auf, um die grausame Strafe an ihm zu vollziehen. Er floh in die geheimsten Schlupfwinkel, auch da war er nicht sicher; sie wendete alle ihre Kräfte an, um seiner habhaft zu werden. Endlich verbarg er sich

in jenes reizende halbofne Rosenmündchen
das unberührt im stillen Thale lag,
und, lechzend nach Genuß, im ersten Schäfer-
stündchen,
der Wollust höchstes Erdengut versprach.

Wo auf dem engen Pfad Elysiums Gefilden
der Glückliche so froh entgegen geht
der ihn zuerst betritt, nach seinen unenthüllten
Mysterien voll süßen Taumels späht.

In dieses Heiligthum – denn heilig ist der Tempel
den die Natur für Männer eingeweiht:
auf den sie mehr als je all ihrer Werke Stempel
so sichtbar aufgedrückt: Vollkommenheit –

In dieses Heiligthum drang nun mit kühnen Schritte
der Schuldige der sein Verbrechen fühlt,
und wähnte Sicherheit, weil nach der alten Sitte
man das Asyl für unverletzlich hielt.

Minette wußte von dieser Satzung nichts, und hätte sie sie gewußt, sie würde sie nicht geachtet haben, so zornig war sie. »Warte, hier sollst du mir nicht entwischen«, sagte sie, und bediente sich eines Fingers ihn zu verfolgen. Mehr konnte sie hier nicht thun, und sogar dieser fand Widerstand. Endlich gieng es doch, da sie ihr möglichstes that. Sie war so erpicht auf die Sättigung ihrer Rache, daß sie jedes Hinderniß überwand. Bald aber erlag sie bey dieser Beschäftigung ganz andern Gefühlen. Ein süsser, nie empfundner Zauber bemächtigte sich ihrer, ihre Sinne schwanden, ihre Augen brachen, ihr Odem ward kurz, alle Nerven zuckten, sie stieß kleine wollüstige Seufzer aus. Beynahe hätte sie den Gegenstand ihres Zornes vergeßen, vergeben hatte sie ihm schon halb, da er ihr Anlaß zu so großem Vergnügen geworden war. – Da sie zu sehr mit sich selbst beschäftigt war, als daß sie etwas um sich her hätte bemerken sollen, so war sie auch *Carln* nicht gewahr geworden, der sie von ferne gesehen und sich herzugeschlichen hatte. So unschuldig er war, so hatte ihn doch dieser seltsame Anblick ganz außer sich gesetzt.

»Ey, was machst du denn da *Minette*?« rief er auf einmal. – Ohne eben sehr über *Carls* unvermuthete Gegenwart zu erschrecken, antwortete sie gebrochen: »Je – da such' ich – einen heßlichen – Floh – der mich – ganz unbarmherzig – gebißen hat.« –

»Wart, laß mich ihn suchen.« –

»Meinetwegen – nur nicht so derb *Carl* – Er wird wohl ganz hineingekrochen seyn – Sieh doch, was hast du denn da so gewaltig starkes? Hab ich das doch sonst noch nicht bey dir gesehn – Weis mir es doch.«

Bey diesen letzten Worten lies sie selbst den raschen Vogel aus seinem Käfig, und da er ihr gefiel, ohne daß sie selbst wußte warum, so streichelte und liebkoste sie ihn. – *Carl* war für Vergnügen ausser sich; gleichwohl fühlte er daß er noch ein weit größeres erreichen könnte. Die Natur selbst lehrte ihn es aufzusuchen. »Wart,« sagte er, »mit dem Dinge da kann ich dir vielleicht besser helfen.« *Minette* war es zufrieden und ihm selbst zu dem Versuch behülflich; bald aber fieng sie einigemal laut für Schmerz zu schreyen an und bat ihn aufzuhören. *Carl* kehrte sich aber daran nicht. »Laß nur,« tröstete er sie, »es ist der Floh der dich aus Angst sticht, weil er sieht, daß er seinem Tode nicht entgehen kann.« Endlich sah sie gar Blut – »Ach Himmel!« rief sie, »was hast du gemacht? Nun werd' ich gewiß sterben.« – »Nicht doch – es ist das Blut von dem Floh, den ich tod gemacht habe – Ach! Mädchen ach! wie wird mir!« – – –

Hier sanken sie beyde vom Genuß erschöpft und von Anstrengung ermattet, in eine jener süssen wollüstigen Ohnmachten

die mehr als Lyäens Becher berauscht;
und die man willig alles vertauscht,
was von platonischer Liebe ein Schwärmer

einst unsern Seelen einprägt –
in der das Herz viel wärmer
im wonnerfüllten Busen schlägt.

Sie erholten sich bald zu neuen Freuden, denn nun wurde das Spiel, das sie so sehr ergötzt hatte, von neuem angefangen. Das zweytemal giengs auf *Minettens* Seite schon besser. Sie duldete gern den kleinen Schmerz um die zehnfach größere Wonne. Das drittemal empfand sie nur wenig. Eine tägliche Uebung machte sie beyde endlich zu Meistern in dieser so leichten als angenehmen Kunst, und des Flohes wurde nicht mehr gedacht. –

Aus: Johann Bernhard Gabriel Büschel: Kanthariden. Berlin 1788.

Anmerkung des Herausgebers:

Diese kleine Prosa-Erzählung erschien zuerst unter dem Titel »Der Floh. Ein Beytrag zu den großen Begebenheiten aus kleinen Ursachen« in den »Kanthariden« (Berlin 1785 und 1788) von Johann Bernhard Gabriel Büschel (1758–1813). Einen Nachdruck gab es in dem Band »Erotische Liebes-Gedichte« (Frankfurt und Leipzig 1793, Seiten 74–83).

Der Unrechte.

An einem Hof – doch nicht in deutschen Landen –
Da ließ ein Mann mit selt'ner Kunst sich sehn;
Er führte einen Floh in gold'nen Banden,
Der konnte exercirend aufrecht geh'n;
Was man sonst sieht bei Menschen nur und Affen,
Das wußt' das Thierlein zierlich nachzuschaffen.

Erstaunet sah der Hof im bunten Kreise
Auf diesen Floh mit menschlichem Verstand;
Da sprang er fort und unglücksel'ger Weise
Just nach der Erbprinzessin weißer Hand,
Von da bergan, sich ein Asyl zu suchen;
Dem Meister half kein Bitten und kein Fluchen.

Entsetzet zog mit ihren Kammerfrauen
In's Schlafgemach die Dame sich zurück,
Und man begann gar emsig nachzuschauen,
Und fand und faßt' das Thierlein im Genick.
Dem Meister brachte es der Fräuleine eine.
Der sprach: »Ein Floh ist's wohl, doch nicht der meine.«

R.K.

Aus: Münchener fliegende Blätter 1641 (1877), Bd. 66.

Der Floh – gesammelt

Mein erstes Zusammentreffen mit Rittelbusch liegt schon weit zurück, wenigstens nach den schnellebigen Begriffen unserer Zeit. Es war im Jahre 1909. Ich war damals Assistent am herzoglichen Museum in G. Mein Chef war der noch heute in Kunsthistoriker-Kreisen nicht vergessene Professor Dr. Werner Dolf Meyer, wegen seiner vorzüglichen Arbeit über Vermeer van Delft unter der jüngeren Kollegenschaft Vermeyer van Dolf genannt. Das Jahr 1909 hatte dem unbegrenzt ausstellungsfreudigen Manne eine herrliche Gelegenheit gebracht, sozusagen zwei Ausstellungsfliegen mit einer Klappe zu schlagen. Die erste Fliege stellte sich als die Idee dar, Rembrandts 300jährigen Geburtstag mit einer Ausstellung seines gesamten Oeuvres in Originalen und Reproduktionen festlich zu begehen! Es sollte eine kunsthistorische Tat mit dieser Ausstellung getan werden. Meyer sprach unermüdlich und mit lauter Stimme, wie es so seine Gewohnheit war, schon acht Monate vorher von nichts anderem. Er begeisterte den Fürsten und den Hof, er gründete Ausschüsse, redete zum Stadtrat, versprach dem Vorsitzenden des Verkehrsvereins goldene Berge, die die zur Ausstellung herbeiströmenden Fremden in der Stadt hinterlassen würden, kurz, er unterließ nichts, was nicht geeignet gewesen wäre, aus seiner ersten Fliege, wenn wir bei dem oben gewählten Bilde bleiben wollen, einen stattlichen Brummer zu machen. Die zweite Fliege war kein großer Brummer, sie konnte sich nicht vor der ganzen Welt lärmend produzieren, aber dafür war ihr Gesang lieblich, angenehm für heimatfreudige Ohren, sie hatte lokalhistorische Reize, die vom Standpunkte des Ausstellungs-Professional ja auch nicht zu unterschätzen sind.

Mit dieser Fliege hatte es folgende Bewandtnis. Zu den Schätzen des herzoglichen Museums, das alle möglichen Abteilungen, eine zoologische, eine mineralogische, außer der Gemäldegalerie und dem Kupferstichkabinett, umfaßte, gehörte eine wunderbare Sammlung niederländischer Graphik, eine Sammlung von einer Vollständigkeit, von einer Qualität, die das Entzücken der Kenner in aller Welt war. Rembrandt war mit seinen besten graphischen Arbeiten, manche in den verschiedensten Etats, überreich vertreten, ihnen gesellten sich Stift-, Rötel- und Federzeichnungen von erlesener Schönheit, so daß es allein auf Grund dieser Bestände möglich war, eine stattliche Ausstellung zusammenzustellen.
Diese kostbare graphische Sammlung verdankte das Hohe Fürstenhaus dem Umstande, daß der hochselige Herzog Anatol II., geboren 1589, gestorben 1669, ein großer Tulpenliebhaber war. Das klingt wunderbar, hat aber seine Richtigkeit, und erklärt sich so: Die Tulpenmanie – so muß man wohl sagen – hatte bekanntlich gegen Ende des 16. Jahrhunderts begonnen heftig um sich zu greifen. Busbecq, der Gesandte Ferdinands I., hat den Ruhm, 1554 den ersten Tulpensamen nach Europa geschickt zu haben. Von Augsburg aus verbreitete sich dann der Ruf der neuen Wunderblume bald über ganz Europa, in den Niederlanden, in Oesterreich und in England. Überall schießen die Verehrer und Liebhaber der Tulpe aus dem Boden. Im Beginn des 17. Jahrhunderts werden für Tulpenzwiebeln bereits Preise bezahlt, die an hellen Wahnsinn grenzen. Es gibt Narren, die für eine Zwiebel 18 000 holl. Gulden ausgeben. Man beginnt in Tulpen zu spekulieren und gewinnt und verliert Vermögen in seltenen »Couleurs«, in »Paragons«, »Bizarden« und »Flammanden«. Um 1629 gab es 140 verschiedene Spielarten im Handel, und Anatol II. hatte den Ehrgeiz, im Frühjahr von jeder einige Exemplare in seinen Gärten zu besitzen.
Der Vertrauensmann, der ihm die Tulpenraritäten besorgte, war ein gewisser Hieronymus van der Snack, der

als Sohn eines Gärtners 1599 zu Harlem geboren war. Van der Snack war ein sehr kluger Mensch und von bezauberndem Wesen dazu. Mit richtigem Instinkt hatte er den großen Tulpenkrach des Jahres 1636, der die Börsen der ganzen Welt schwer erschütterte und der ganzen Tulpenherrlichkeit ein klägliches Ende bereitete, ahnend vorausgeschaut und sich dadurch ein hübsches Vermögen gerettet. Dieses Vermögen benutzte er, um damit einen Kunsthandel zu beginnen, für den er den Herzog ebenso zu gewinnen wußte, wie früher für den Tulpenhandel. Er versorgte ihn jahraus, jahrein mit Zeichnungen und Kupferstichen, die er in den Niederlanden geschickt zu sammeln verstand. Seine Talente, sein Geschmack und seine Liebenswürdigkeit verschafften ihm mehr und mehr die Gunst des Herzogs, sodaß er sich im Jahre 1649, einem dringenden Wunsche des hohen Herrn folgend, in G. niederlassen konnte. Er machte nun eine glänzende Karriere! Er wurde zum Geheimbden-Rat und zum Direktor der hochfürstlichen Kunst- und Raritätenkammer ernannt, stieg dann schnell zu anderen hohen Ehren auf, er wurde Hofmarschall und eines Tages mußte er sogar ein Ministerportefeuille annehmen, das er in Würde noch einige Jahre verwaltete.
Hieronymus van der Snack war Vermeyer van Dolfs zweite Fliege, die mit der einen Klappe getroffen werden sollte. Ihn galt es, als den verdienstvollen Schöpfer der graphischen Sammlung des Hofes zu ehren. Darüber gab es für Vermeyer van Dolf keinen Zweifel, wenn sich auch für ihn trotz aller Endneunen in den Jahreszahlen keine der üblichen Jubiläumsziffern: 25. 50. 75. 100 oder 200 konstruieren ließ. Vermeyer wußte sich schließlich damit zu helfen, daß er beschloß, die Rembrandt-Ausstellung am 9. März, als dem Geburtstage des Hieronymus van der Snacks, zu eröffnen und im Katalog auf die Verdienste des Tulpenhändlers um die Rembrandtsammlung nachdrücklich hinzuweisen. Die Ausstellung wurde denn auch mit allem üblichen Aufwand von Reden in Gegenwart

des Hofes und zahlreicher Gäste eröffnet. Dennoch waltete über ihr ein gewisses Mißgeschick: Der Besuch ließ von Anfang an zu wünschen übrig und wurde, je länger die Ausstellung dauerte, immer schlechter. Woran das lag, war schwer festzustellen, mochte es an der richtigen Reklame fehlen, mochte die Graphik Rembrandts damals dem großen Publikum noch zu fern stehen, Tatsache war und blieb: die Ausstellungssäle blieben leer. Vermeyer war darüber natürlich tief bekümmert. War er bis zur Eröffnung der Enthusiasmus selbst gewesen, schlich er jetzt nachdenklich und grüblerisch umher, ein Bild der Wehmut über die Verständnislosigkeit des großen Publikums und das in Aussicht stehende Defizit der kostspieligen Veranstaltung.
Es wollte nun der Zufall, daß gerade um diese Zeit, es war gegen Ende März, Rittelbusch in G. erschien. Er war wie immer in großer Form, bezauberte die Stammtische der Residenz durch seine unterhaltenden Erzählungen über allerhand Erlebnisse oder durch groteske Beleuchtungen der Zeitverhältnisse und schrieb auch hin und wieder sehr belustigende Feuilletons in dem täglichen Anzeiger, die ihn in aller Mund brachten. Rittelbusch kannte Vermeyer seit Jahren, und so war es selbstverständlich, daß er sich auch des öfteren am Honoratiorenstammtische in dem uralten Lokal der Bogenschützengesellschaft einfand, wo auch Vermeyer verkehrte.
Eines Abends – ich war auch zugegen – schüttete nun Vermeyer sein Herz aus über die Verständnislosigkeit des Publikums und den mangelnden Besuch seiner Ausstellung, die doch, man möge darüber denken wie man wolle, ein kunsthistorisches Ehrenmal sei und etwas anderes verdiene, als unter Ausschluß der Öffentlichkeit gewissermaßen zu verdämmern.
Rittelbusch hörte andächtig zu, dann meinte er: »Lieber Freund, ich will Ihnen etwas sagen: Es fehlt Ihnen an der richtigen Reklame. Glauben Sie mir, wenn Sie die richtige Reklame hätten, würde Ihre Ausstellung über-

laufen werden. Ich möchte mit Ihnen wetten, daß es ein Kinderspiel ist, Ihre Ausstellung mit so viel Menschen zu bevölkern, wie Sie nur wünschen.«
Vermeyer bestritt das energisch, er habe getan, was getan werden könne, und er tue immer noch das Seine, aber das Publikum sei stumpf, blöde, interesselos und bisse nicht an. Nach einigem Hin und Her kam man schließlich überein, eine Wette einzugehen: Wenn es Rittelbusch gelänge, nur einmal die Räume des Museums wirklich zu füllen, dann solle Vermeyer verpflichtet sein, den ganzen Stammtisch einen Abend lang unter Sekt zu setzen. Ich selbst »schlug« nach altem Brauch zur Besiegelung der Rechtsgültigkeit der Wette »durch«, worauf wir uns angeregt, noch auf der Straße eine Weile weiterdiskutierend, trennten.
Die Sache war schon beinahe in Vergessenheit geraten, als ich eines Sonntags Vormittags zur Eröffnungszeit um 11 Uhr in das herzogliche Museum eilte. Zur Museumsordnung gehörte es nämlich, daß einer der Assistenten immer während der Besuchsstunden anwesend sein mußte, um für alle Fälle zur Verfügung zu stehen, wenn irgend etwas geschehen sollte. An diesem Sonntag war die Reihe an mir. Ich hatte eine mit Rittelbusch und anderen lustigen Gesellen durchzechte Nacht hinter mir und war direkt aus dem Bett gerade eine Minute vor Eröffnung durch die Hintertüre im Museum erschienen. Da mein Kopf noch nicht zu voller Klarheit erwacht war, nahm ich in meinem Zimmer am Schreibtisch sorgenvoll Platz, in der stillen Hoffnung ein wenig weiterschlummern zu können, nachdem mich die Pflicht so grausam aus Morpheus Armen gerissen hatte! Aber ich sollte schwer enttäuscht werden. Ich hatte noch keine zehn Minuten sanft genickt, als ich plötzlich polternde Schritte nahen hörte. Die Türe des Zimmers wurde aufgerissen, und vor mir stand der Museumsinspektor im Zustande größter Erregung. »Herr Doktor, Herr Doktor, das Publikum stürmt das Museum, wir

haben garnicht genug Aufseher, um der Menge Herr zu werden, alle wollen die Flohsammlung des Baron Rothschild sehen!«
Wie von einer Tarantel gestochen fuhr ich auf: »Was wollen die Leute sehen? Mensch, sind Sie verrückt geworden?«
»Herr Doktor, es ist wie ich sage: Sie wollen die Flohsammlung des Baron Rothschild sehen!«
»Aber das ist doch heller Wahnsinn!«
»Natürlich ist es heller Wahnsinn, aber es steht in der Zeitung.«
»In der Zeitung?«
»Ja, in der Zeitung.«
»Wie ist denn das möglich, solch ein Unsinn in der Zeitung?«
Der Inspektor rieb sich den Schweiß von der Stirne: »Herr Doktor, da liegt die Morgenausgabe, sehen Sie selbst nach. Gott weiß, wie so etwas möglich ist.«
Auch mir trat jetzt plötzlich der Schweiß auf die Stirne. Mit zitternder Hand griff ich nach dem Blatte, das unberührt vor mir lag. Ich blättere – suche – richtig, da stand es groß und breit unter Lokalem: Eröffnung der Flohausstellung des Baron Rothschild im herzoglichen Museum, Sonntag 11 Uhr vormittags. – (Meine Augen fliegen über den Text mit Aeroplangeschwindigkeit.) Nach schwierigen, in der Stille gepflogenen Verhandlungen ist es der rührigen Direktion des herzoglichen Museums gelungen, eine Sonderschau von höchster wissenschaftlicher Bedeutung zu verwirklichen. The Honourable N. Charles Rothschild *M.A.F.L.S.* in London hat unserer Stadt, als der ersten auf dem Kontinente, seine einzigartige Siphonapteren-Sammlung auf einige Wochen zu Ausstellungszwecken überlassen. Die Sammlung ist die reichhaltigste der Erde. Von den bisher beschriebenen lebenden 400 Floharten sind fast alle in prächtigen Exemplaren vertreten. Von den ausgestorbenen Arten fallen besonders die Riesenflöhe auf, die sich in den Höhlen Patagoniens

fanden. Sie sind etwa 10 Kilo schwer und haben den Umfang eines Kinderkopfes. Die Riesenflöhe *(Xenopsyllae Megatherii)* lebten im rotbraunen Fell der hausgroßen Riesenfaultiere oder Megatherien. Nicht ganz so groß, wenn auch von der Größe einer Pflaume, ist der Moa-Floh von der Insel Madagaskar. *(Ctenocephalus Moae Curtis.)* Er zeichnete sich seltsamerweise durch eine leuchtende pfaublaue Färbung aus und lebte am Körper des ausgestorbenen Moa oder Riesenstraußes. Des Weiteren sollte eine historische Abteilung vorhanden sein, in der Flöhe berühmter Persönlichkeiten der Vergangenheit gezeigt würden. So seien mumifizierte Flöhe zu sehen, die sich in den Binden der Mumie einer ägyptischen Königin gefunden hätten. Auch ein Floh Napoleons I. sei vorhanden, der ihn in der Nacht vor der Schlacht bei Leipzig beunruhigt habe, und so ging es fort, in schier ungeheuerlicher Frechheit. In den brasilianischen Urwäldern seien sogenannte St. Elmsflöhe, die sich in Scharen auf den Rücken der Tapire sammelten und diese bei Nacht leuchten ließen. Der Korallenfloh *(Archaeopsylla rubra)* von den Andamanen habe eine herrliche rote Färbung, während der Singfloh von Nuvarelia, dem Flohparadies auf Ceylon, vor seinem Tode einen überaus lieblichen, wenn auch kaum wahrnehmbaren Gesang von sich gäbe. Ungeheuerliche Dinge wurden von den Giftflöhen *(Pygiopsylla vorax venefica Roths)* auf Borneo berichtet. Diese Ungeheuer seien in der Lage, mit einem einzigen Stich ganze Familien auszurotten.
In einer besonderen Abteilung sollte das Familienleben der Flöhe in tausendfacher photographischer Vergrößerung dargestellt sein. Eine Galerie von zwanzig ein Meter großen Aufnahmen zeige das rührende Familienleben der Flöhe, die Zärtlichkeit der Mütter, die Bemühungen der alten Männchen, die Jungen auf ihren Beruf vorzubereiten, deren ritterlichen Opfermut, wenn die Familie sich in Gefahr befände, ihre seltsame Hochzeitsfeier, bei der es eine Art von Priester gäbe, usw. Auch von Boxkämpfen, in denen einige *Ctenophthalmus*-Arten, zu

denen der Hausmannsfloh gehöre, Meister seien, war die Rede.
Als Curiosum wurde dann noch berichtet, daß der Floh bei einigen zentralindischen Stämmen früher göttliche Verehrung genossen habe. In den Tempelhöhlen der Nilgiri könne man noch heute in Stein gehauene elefantengroße Flöhe als Türhüter erblicken. Auch dieser Flohkult sei in zahlreichen, ethnographisch höchst bedeutsamen Abbildungen zu sehen. Zum Schluß wurde der Besuch der Ausstellung dringend empfohlen, da ihre Dauer nur kurz sei.
Sprachlos schob ich das Blatt beiseite, indem ich nach Atem rang. Diese Ungeheuerlichkeiten hatte uns kein anderer eingebrockt als Rittelbusch – wie ein Blitz durchzuckte es mein Gehirn! Und ich war in Gefahr in ein lautes Gelächter auszubrechen, hätte nicht der erschütterte Inspektor noch immer in heller Verzweiflung vor mir gestanden.
»Was machen wir nur, Herr Doktor, was machen wir nur?«, stöhnte er. »Die Menschen werden uns wild, und die Schande für das Museum!«
»Was machen wir nur?«, wiederholte ich und blickte vor mich hin. Dabei fiel mein Blick auf den Kopf der eben bei Seite geschobenen Zeitung. Was stand da – wie eine Erleuchtung kam es über mich! »Herr Inspektor«, sagte ich, »lesen Sie – was steht hier unter dem Kopf der Zeitung?«
Er klemmte sich schwerfällig den Zwicker auf die Nase und las.
»Wissen Sie, fuhr ich fort, was wir sind?«
Er sah mich sprachlos an.
»Wir sind die Opfer eines Aprilscherzes! Heute ist der 1. April, verstehen Sie nun?«
Jetzt ging auch ihm ein Licht auf. »Aber das Publikum«, stöhnte er, »Hunderte und Aberhunderte sind im Hause und wollen die Flohsammlung sehen, haben ihr gutes Geld bezahlt. Was werden Sie tun?«
»Herr Inspektor«, sagte ich, »ich habe eine Idee. Ich werde

zu den Leuten sprechen. Gehen Sie schnell mit der Glocke, mit der vor Museumsschluß geläutet wird, durch die Säle und rufen Sie dabei: Das geehrte Publikum wird gebeten, sich im Haupttreppenhause zu einem Vortrage des Herrn Doktor XYZ zu versammeln. Das Weitere wird sich finden. Eilen Sie!«

Wie von einem Alb befreit raste der Gute davon. Die Glocke erdröhnte, und nach wenigen Minuten war denn so ziemlich der Hauptstrom der Besucher der Flohsammlung in der riesigen Vorhalle des Museums und auf den Treppenstufen, die zum ersten Stock führten, in gespannter Erwartung versammelt. Nun trat ich aus meinem Zimmer und stellte mich auf den mittleren Treppenabsatz, der eine gute Rednerbühne abgab, hin und begann mit ernster Miene eine Ansprache. Ich bedauerte lebhaft, daß das verehrte Publikum das Opfer eines höchst bedauerlichen und unziemlichen Aprilscherzes geworden sei. Die Direktion werde alles tun, um den unbekannten Urheber des überaus schlechten Witzes zur Rechenschaft zu ziehen. Da aber die verehrten Herrschaften – so fuhr ich dann fort – nun einmal im Museum seien, so gestattete ich mir, sie auf die Rembrandtausstellung aufmerksam zu machen, die einen mehr als vollwertigen Ersatz für die schwindelhafte Flohausstellung biete. Ich setzte dann den Anwesenden in ausführlicher Weise Zweck und Ziel der Ausstellung auseinander und machte sie auf besondere Kostbarkeiten und Seltenheiten aufmerksam. Bald hatte ich gewonnenes Spiel und konnte, begleitet von meinen zahllosen Hörern, in der Rembrandtausstellung meinen Vortrag zu Ende führen.

Als um 1 Uhr das Museum geschlossen wurde, ging alles befriedigt nach Hause, der Kassierer aber konnte eine sehr stattliche, durch Eintrittsgelder erzielte Summe in den Kassenschrank legen.

Mein erster Gang war natürlich zu Rittelbusch, um ihm die Leviten zu lesen. Aber Rittelbusch war spurlos verschwunden. Man sagte mir in seinem Gasthause, er sei in aller

Frühe abgereist. Der schlaue Fuchs, das war so ganz und gar er! Erst nach etlichen Wochen war er plötzlich wieder da, und zwar erschien er ganz unerwartet am Stammtisch in der Bogenschützengesellschaft, an dem Vermeyer van Dolf und alle Großen der Stadt versammelt waren. Als wenn nichts geschehen sei, begann er: »Ich höre zu meiner Freude, meine verehrten Herren, daß es mir neulich gelungen ist, durch meine Werbeaktion die Rembrandtausstellung bis auf den letzten Winkel zu füllen, und nicht nur das: Wie ich weiter höre, hat meine sinnvolle Reklame nicht nur einen ephemeren Erfolg gehabt, sie hat bewirkt, daß der Besuch der Ausstellung überhaupt sehr lebhaft geworden und bis auf den heutigen Tag geblieben ist. Ich handele daher wohl in aller Sinne, wenn ich den Herrn Oberkellner bitte, das nötige Material herbeizuschaffen, um meine gewonnene Wette angemessen zu feiern. Für die Tragung der Kosten drängt sich in liebenswürdiger Bereitschaft die Ausstellungsleitung! Ich danke Ihnen, meine Herren!« Damit setzte er sich und begann lebhaft ein Gespräch über das Wetter. Vermeyer van Dolf machte anfangs ein erstauntes Gesicht, dann aber fügte er sich willig und mit Humor in alle Flaschen Sekt, die ihm von Rittelbusch auferlegt wurden, und es waren nicht wenige.
Denn Rittelbusch hatte die Wahrheit gesagt. Der Besuch der Rembrandtausstellung war dank der Reklame, die die Flöhe des Honourable Baron Rothschild für sie gemacht hatten, geradezu glänzend und ist es auch bis zum Schluß geblieben.

Aus: Die Flohsammlung des Honorable Nathan C. Rothschild. Darmstadt 1935.

Anmerkung des Herausgebers:

Unsere Schmonzette stammt von Kuno Ferdinand von Hardenberg. Sie erschien 1935 in Darmstadt anonym unter dem Titel »Die Flohsammlung des Honorable Nathan C. Rothschild« in

einer einmaligen Auflage von 400 Exemplaren für die hessischen Bibliophilen (Würfelbücherei. Band 22).
Die Flohsammlung des Honorable Rothschild existiert tatsächlich. Sie wurde etwa ab dem Jahr 1900 bis 1907 von Charles Rothschild und Karl Jordan zusammengetragen und wissenschaftlich beschrieben. Die beiden Wissenschaftler haben rund 1.100 verschiedene Arten in mehr als 22.000 Exemplaren aus aller Welt konserviert. Die wissenschaftliche Sammlung gehört zum Bestand des British Museums in London und wurde von dem britischen Insektenforscher George Henry Evans Hopkins und der Erbin Miriam Rothschild in einem vierbändigen voluminösen Katalog beschrieben: »An illustrated catalogue of the Rothschild Collection of fleas (Siphonaptera) in the British Museum«, London 1953 bis 1966. Wissenschaftliche Flohkollektionen gibt es auch im Senckenberg-Museum Frankfurt am Main, im Institut für Angewandte Zoologie der Freien Universität Berlin sowie im U. S. National Museum Washington D. C.
Die Rothschilds hatten seit Generationen eine bemerkenswerte Affinität zu Flöhen. Im Jahre 1875 schrieb James de Rothschild gemeinsam mit Anatole de Montaiglon in der Zeitschrift »Recueil de poésies françaises de XVe et XVIe siècle« (Paris, tome X, p. 61) einen Aufsatz über »Procès des femmes et des puces«.

Daily Express Poster, 1902

Der Floh – studentisch

Frau Wirthin hat auch einen Floh,
Der saß ihr immerzu am P…;
Sie konnt' ihn niemals fangen,
Bis sie den … mit Pech beschmiert,
Da blieb er endlich hangen!

Nach der Melodie zu singen: »Es steht ein Wirtshaus an der Lahn«.

In Amsterdam zwei Flöhe,
Die thaten großen Schaden,
Sie hupften in die Höhe,
Und bissen in die Waden!

Als man sie wollte fangen,
Sind obbemeldte Flöhe
In nahen Wald gegangen
Und brüllten wie die – Uuuuh!

Der Floh – klösterlich

In Poissy hatten die Nonnen die Gewohnheit, wenn das gnädigste Fräulein, die Tochter des Königs, ihre Äbtissin, zu Bette gegangen war … Sie war's nämlich, die den Namen *Gänschenspiel* aufbrachte für das Sichbescheiden verliebter Leute, die sich zufriedengeben mit den Präliminarien, Prolegomena, Vorreden, Vorworten, Protokollen, Einleitungen, Hinweisen, Anmerkungen, Prodromen, Übersichten, Voranzeigen, Inhaltsangaben, Prologen, Fußnoten, Überschriften, Titeln, Untertiteln, Lauftiteln, Schoilen, Randglossen, Titelbildern, dem Goldschnitt, den hübschen Buchzeichen, Schließen, Rosetten und Vignetten, Kanteln, Zierleisten, Kopf- und Schlußverzierungen, Kupferstichen und Holzschnitten, ohne je das lustige Buch aufzuschlagen, um darin zu lesen, abermals zu lesen und zu studieren, den Inhalt zu erfassen und zu begreifen. Und deshalb faßte sie in einem Lehrwerk alle die zusätzlichen kleinen Ergötzlichkeiten dieser wunderschönen Sprache zusammen, welche zwar von den Lippen hervorgebracht, aber doch lautlos gesprochen wird, und setzte sie so klug und weise in die Tat um, daß sie als Jungfrau starb, zumindest soweit es ihre Leiblichkeit betraf, welche gänzlich unversehrt geblieben war. Diese fröhliche Wissenschaft war seither bedeutend vertieft und erweitert von den Damen am Hofe, welche sich Liebhaber fürs Gänschenspiel zulegten, andere um ihrer Ehre willen nahmen und zuzeiten auch manche, denen sie alle Rechte, die der hohen sowohl wie der niedern Gerichtsbarkeit, über sich einräumten, so daß sie uneingeschränkt als ihre Herren über alles geboten; welcher Zustand den meisten Mannsbildern ja am ehesten behagt.
Doch zurück zu unserer Geschichte.
Wenn nun diese tugendreiche Prinzessin mutternackt,

und ohne sich im mindesten zu schämen, in ihren Bettlaken ruhte, kamen die muntern Nönnchen, alle die, welche noch keine Runzeln an Kinn und ein fröhliches Herz hatten, sachte und auf leisen Sohlen aus ihren Zellen gehuscht und schlichen ins Kämmerlein einer ihrer Schwestern, welche von allen sonderlich geliebt ward. Dort ging dann ein herzhaftes Schwätzen und Kichern los, gewürzt mit allerlei Geknabber von eingemachten Früchten und Zuckerzeug, mit geistlichen Tränklein, die sie heimlich schlürften, mit übermütigen Zänkereien und Hänseleien, wie's junge Mägdlein gerne treiben, sie stichelten die Alten, äfften sie nach, trieben ihren unschuldigen Mutwillen mit ihnen, erzählten einander so ungeheuerliche Geschichten, daß sie Tränen lachten, und spielten zusammen tausenderlei Schabernack. Bald maßen sie gegenseitig ihre Füße und schauten, wer die zierlichsten hatte, sie verglichen die schneeweißen Rundungen ihrer Arme, ergründeten, welche Nase die leidige Eigenschaft hatte, nach dem Nachtmahl rot anzulaufen, zählten ihre Sommersprossen, zeigten einander ihre Muttermale und Leberfleckchen, prüften, wer von ihnen die makelloseste Haut, die hübschesten Farben und den schönsten Wuchs besaß. Wie ihr euch wohl denken könnt, fanden sich unter diesen gottgeweihten Himmelsbräuten zarte und feine, rundliche, flachbrüstige, hohlhüftige, pralle, geschmeidige und schmächtig-hagere, kurz: von jeglicher Art welche. Dann wieder stritten sie sich, wer am wenigsten Stoff für seinen Gürtel benötigte, und diejenige, die den geringsten Umfang aufwies, war selig darüber, ohne daß sie eigentlich wußte, warum. Zuweilen erzählten sie einander ihre Träume, und was ihnen darin vorgekommen war. Oftmals hatten eine oder zwei, mitunter sogar alle, geträumt, sie hätten den Schlüssel der Abtei ganz fest in Verwahrung gehabt. Hie und da holten sie auch beieinander Rat wegen ihrer kleinen Übel und Wehwehchen. Eine hatte sich den Finger aufgeschunden, eine andere hatte einen Umlauf am Nagel, eine dritte war des Morgens mit einem Blutäderchen im Weiß des Auges auf-

gewacht, und eine vierte hatte sich beim Rosenkranzbeten den Zeigefinger ausgerenkt. Allesamt hatten sie etwas, was ihnen aufs Herz drückte oder auf dem Magen lag.
»Ah! Ihr habt unsere geistliche Mutter belogen! Eure Nägel haben weiße Flecken gekriegt«, sagte eine zu ihrer Nachbarin.
»Ihr seid aber lange im Beichtstuhl gesessen heute früh, liebe Schwester«, stichelte eine andere. »Ihr hattet wohl viele kleine Sünden zu beichten?«
Da es aber nichts gibt, was einer Katze so ähnlich sieht wie eine Katze, schlossen sie innige Freundschaft, zankten und stritten sich, schmollten miteinander, vertrugen sich wieder, waren neidisch und eifersüchtig aufeinander, zwickten und kniffen sich, lachten sich darüber halb krank, und dann lachten und kicherten sie wieder, um sich zu kneifen, und trieben allerlei Mutwillen und Schindluder mit den Novizen.
Sagte da einmal eine: »Wenn nun bei Regenwetter ein strammer Junker hereingeschneit käme, wo würden wir ihn denn hinstecken? ...«
»Zur Schwester Ovidia, sie hat die geräumigste Zelle. Da hätte er Platz genug mitsamt seinem mächtigen Helmbusch.«
»Was wollt ihr damit sagen?« begehrte Schwester Ovidia auf. »Sind unsere Zellen nicht alle gleich groß?«
Darauf erhoben die Mädchen ein Gelächter und platzten schier wie überreife Feigen.
Eines Abends zogen sie eine bildhübsche kleine Novize zu ihrem kleinen Konzil hinzu. Sie war erst siebzehn Jahre alt, schien unschuldig wie ein neugeborenes Kind, und man hätte ihr das Abendmahl ohne Beichte gereicht. Der Kleinen lief das Wasser im Mund zusammen bei all dem heimlichen Geraune und Getuschel, dem Picheln und Bechern, dem Katzbalgen und Herumdrücken, womit die blutjungen Nönnlein sich gegenseitig die sakrosankte Gefangenschaft ihres Leibes versüßten, und oft hatte sie bittere Tränen vergossen, weil sie nicht mit dabeisein durfte.

»So, nun sag einmal«, sagte Schwester Ovidia zu ihr, »hast du auch gut geschlafen heute nacht, mein Rehkitz?«
»Oh nein«, gab sie zur Antwort, »die ganze Nacht haben mich die Flöhe geplagt.«
»Ah, du hast Flöhe in deiner Zelle? Da müssen wir auf der Stelle Abhilfe schaffen. Weißt du auch, wie man sie nach der Regel unseres heiligen Ordens verjagen soll, auf daß nimmer eine Schwester auch nur ein Flohschwänzchen zu Gesicht kriegt die ganze Zeit über, solange sie im Kloster lebt?«
»Nein«, versetzte die Novize.
»So will ich dir's sagen. Siehst du hier in meiner Zelle einen Floh, auch nur die Spur von einem Floh, riechst du den Geruch eines Flohs, gewahrst du auch nur den Schimmer von einem Floh hier drinnen? Sieh dich einmal um und suche.«
»Nein, ich kann nichts finden«, erwiderte die Novize, ein Fräulein von Piennes, »und ich rieche auch nichts außer unserem eignen Geruch.«
»Dann tu, was ich dich heiße, und du wirst nie wieder gebissen werden. Sobald dich einer sticht, mein Kind, dann mußt du dich fasernackt ausziehn, mußt dein Hemd aufheben, darfst aber beileibe nicht sündigen, wenn du dich allüberall beschaust. Du darfst dabei nur an den verfluchten Floh denken und nichts anderes tun, als ihn mit Fleiß suchen. Auch ist es strenge verboten, auf andere Dinge achtzuhaben, vielmehr sollst du nur an den Floh denken und danach trachten, ihn zu erwischen, denn das allein ist schon keine einfache Sache, weil du dich nämlich leicht durch kleine schwarze Fleckchen auf deiner Haut täuschen läßt, die dort von Geburt auf zu sehen sind. Hast du solche Muttermale, mein Schatz?«
»Ja«, sagte die Kleine. »Ich habe zwei linsengroße violette Male, eines auf der Achsel und das andere am Rücken, ziemlich weit unten. Aber man kann es kaum sehen, es sitzt ganz versteckt im Gräblein ...«
»Wie hast du's denn überhaupt sehen können?« fragte die Schwester Perpetua.

»Ich wußte gar nichts davon. Herr von Meinschatz hat es entdeckt.«

»Hahaha!« lachten die Schwestern. »Und hat er sonst nichts gesehen?«

»Doch, er hat alles gesehen«, versetzte sie, »ich war damals noch ganz klein. Er war ein bißchen älter als neun Jahre, und wir vertrieben uns die Zeit mit Spielen ...«

Da merkten die Nonnen, daß sie zu früh gelacht hatten, und die Schwester Ovidia fuhr fort: »Besagter Floh kann also lange hüpfen und springen, von deinen Beinen bis hinauf zu den Augen, sich in alle Ritzlein verkriechen, in Wäldchen und in allen Gräben sich verstecken wollen, abwärts und aufwärts fliehen und dir beharrlich und nimmermüde zu entwischen trachten, die Regel des Ordenshauses gebietet, ihm beherzt nachzusetzen und dazu ein Ave ums andere zu beten. Für gewöhnlich ist das Biest beim dritten Ave schon gefangen ...«

»Der Floh?« fragte die Novize.

»Natürlich der Floh! Wer denn sonst?« erwiderte Schwester Ovidia. »Aber um die Gefahren einer solchen Flohhatz zu vermeiden, mußt du, an welchem Ort du auch den Finger auf das Tierchen legst, gut achtgeben, daß du außerdem nichts anderes greifst ... Dann aber darfst du dich nicht um sein Wehgeschrei kümmern, nicht auf sein Gejammer und Klagen achten, auch nicht auf sein Gezappel und Gestrampel, wenn er sich von ungefähr zur Wehr setzt, was recht häufig der Fall ist, du mußt ihn unterm Daumen oder einem andern Finger der Hand, mit der du ihn festhältst, arg an dich drücken, und dann suchst du mit der andern Hand ein Stück Band, womit du dem Floh die Augen verbinden kannst, auf daß er nicht mehr hüpfen kann, sintemal das Tierchen, wenn es nichts mehr sieht, nicht weiß, wohin es sich wenden soll. Da es dich aber noch beißen und am Ende vor Wut toll werden könnte, mußt du ihm das Maul ein Stückchen weit aufreißen und ganz behutsam ein Zweiglein von dem geweihten Buchsbaumholz hineinstopfen, von dem, das in dem kleinen

Weihwasserkessel überm Kopfpfühl deines Bettes steckt.

Dann kann der Floh nicht mehr anders: er muß artig und brav bleiben. Bedenk jedoch wohl, daß unsere Ordensregel uns keinerlei Eigentum auf Erden gestattet und daß sohin auch dies Tierlein nicht dir gehört. Du mußt aber auch daran denken, daß es ein Geschöpf Gottes ist, und so mußt du danach trachten, den argen Floh zu einem Gott wohlgefälligeren Lebenswandel zu bekehren. Vor allem mußt du darum drei wichtige Dinge feststellen, nämlich: ob der Floh ein Männchen ist oder ein Weibchen oder ob er noch jungfräulich ist. Nehmen wir an, er sei noch jungfräulich, was nur äußerst selten vorkommt; denn diese Biester führen einen ausgesprochen lockern Lebenswandel, sind samt und sonders recht liederliche, verbuhlte Geschöpfe und werfen sich dem ersten besten an den Hals. Handelt es sich also um eine Jungfrau, so packst du sie an den Hinterbeinen, ziehst ihr diese unter ihrem gepanzerten Bäuchlein hervor, dann bindest du sie ihr mit einem von deinen Haaren fein säuberlich zusammen und bringst sie so vor die Frau Oberin, welche dann über ihr Los beschließt, nachdem sie auch das Kapitel noch zu Rate gezogen hat. Ist es aber ein Männchen ...«

»Woran kann man aber sehen, ob ein Floh noch jungfräulich ist?« fragte die wißbegierige Novize.

»Zunächst einmal«, erwiderte die Schwester Ovidia, »zunächst einmal ist er traurig und schwermütig, er lacht nicht wie die andern, beißt auch nicht so heftig zu, sperrt das Maul nicht so weit auf und wird rot, wenn man ihn anrührt, du weißt schon, wo ...«

»In diesem Falle«, erwiderte die Novize, »bin ich von lauter Männchen gebissen worden.«

Da mußten die Nönnlein alle so furchtbar lachen, daß eine von ihnen ein Fürzlein in b-moll ließ, welches ihr so patzig und dreist entwischte, daß sie erschrak und ein Pfützlein Wasser hinterherschickte. Die Schwester Ovidia deutete,

ohne eine Miene zu verziehen, auf die Nässe am Fußboden und sagte: »Da seht ihr's: kein Wind ohne Regen!«
Da mußte die Novize selber lachen und meinte, die Lachsalven rührten von dem Zwischenruf her, welcher der frommen Schwester entfahren war.
»Wenn es also ein männlicher Floh ist«, hob nun die Schwester Ovidia von neuem an, »dann nimmst du deine Schere oder auch den Dolch deines Herzallerliebsten, wenn er ihn dir zufällig vor deinem Eintritt ins Kloster zum Andenken geschenkt hat. Kurz und gut, mit einem scharfschneidenden Instrumente machst du ihm behutsam einen Einschnitt in die Lenden. Mach dich drauf gefaßt, daß er jappst, hustet, speit und schäumt und dich um Verzeihung anfleht. Du wirst sehen, wie er sich windet und bäumt, wie er vor Angst schwitzt, wie er dich verliebt anhimmelt und alles tut, was ihm nur in den Sinn kommt, um sich dieser Operation zu entziehen. Wundere dich aber gar nicht darüber und laß dich ja nicht erweichen. Verhärte vielmehr dein Herz und vergiß nicht, daß du all dies bloß darum tust, damit ein sündiges Geschöpf wieder auf den Weg des Heils zurückgeführt werde. Nun holst du mit viel Geschick seine Eingeweide heraus, die Leber, die Lungen, das Herz, den Magen, die edlen Teile, dann tauchst du alles zu wiederholten Malen ins Weihwasser und wäschst es sorgsam ab, reinigst und läuterst es, nicht ohne den Heiligen Geist im Gebet anzurufen, er möge das Innere dieses Tierleins heiligen. Am Ende steckst du hurtig und geschwind alle diese Innereien wieder dem Floh in den Bauch, denn er kann es kaum erwarten, bis er sie wieder zurückbekommt. Ist dann die Seele dieses Geschöpfs dank solchen Verfahrens getauft, so hast du einen wahrhaft christlichen und gut katholischen Floh vor dir. Sogleich holst du Nadel und Faden und nähst dem Tier den Bauch wieder zu, und zwar mit größter Schonung, mit aller erdenklichen Rücksichtnahme, mit aller möglichen Vorsicht, denn das bist du deinem Bruder in Christo schuldig. Du mußt sogar für ihn beten, und du wirst sehen, wie

dankbar er für diese Fürbitte ist, wie er seine Knie beugt und dir aufmerksame Blicke zuwirft. Kurzum, er wird nie mehr schreien, auch nie mehr dich beißen wollen, und nicht selten kommt es vor, daß einer vor Freude stirbt, weil er auf diese Weise zu unserer heiligen Religion bekehrt wurde. Genau gleich verhältst du dich im Hinblick auf alle andern, die du fangen kannst. Wenn das nun die andern sehen, so machen sie sich aus dem Staub, nachdem sie sich über ihren neubekehrten Bruder baß verwundert haben, so hartgesottene Sünder sind sie, und so schreckliche Angst haben sie, man könnte sie am Ende auch noch auf diese Weise zu Christen bekehren ...«

»Daran tun sie wahrlich unrecht«, pflichtete die Novize bei. »Kann es ein größeres Glück geben, als im Kloster ein gottgefälliges Leben zu führen?«

»Freilich«, warf Schwester Ursula ein, »hier sind wir wohlbehütet vor allen Fährnissen der Welt, vor allen Gefahren der Liebe, und deren sind ja so viele ...«

»Gibt es denn noch andere Gefahren, als daß man unversehens ein Kind kriegt?« fragte eine junge Nonne.

»Seit wir einen neuen König haben«, erwiderte Schwester Ursula und schüttelte schaudernd den Kopf, »hat die Liebe den Aussatz bekommen, das Sankt-Antons-Feuer hat sie befallen, das heilige Feuer, die Blatterrose, hat sie gepackt, der rote Weichsel- oder Wichtelzopf, und nun hat sie alle Fieber, Ängste, Gifttränklein, Leiden und Qualen in ihrem niedlichen Mörser zerstoßen, und herausgekommen ist ein gräßliches Übel, dessen Rezept der Teufel höchstselbst zusammengebraut hat, zum Heil und Segen der Klöster, weil seither eine Unmenge edle Frauen aus Furcht und Entsetzen ins Kloster gehn, die allesamt aus schierer Angst vor dieser verpesteten Liebe tugendsam werden.«

Da drängten sie sich dicht aneinander, so ängsteten sie sich bei diesen Worten, und doch wollten sie alle gar zu gerne noch mehr vernehmen.

»Und man braucht also nur zu lieben, und schon muß man leiden?« fragte eine Nonne.

»Oh, ja, mein süßer Jesus!« rief Schwester Ovidia.
»Da hättet ihr ein einziges winziges Mal einen schmucken Junker lieb«, fuhr Schwester Ursula fort, »und schon könnt ihr damit rechnen, daß euch die Zähne einer nach dem andern ausfallen, eure Haare ausgehen, eure rosigen Wangen blau werden, die Wimpern sich lichten und kahl werden, und das alles unter grauenvollen Schmerzen, die nicht ihresgleichen haben, und der Abschied von euern Reizen und eurer schönsten Zier wird euch schwer ankommen und bittere Tränen kosten. Es gibt arme Frauen, denen ein widerlicher Krebs die Nase zerfrißt, andere haben ein tausendfüßiges Tier im Leib, welches immerfort juckt wie ein Ameisenhaufen und ihnen wegfrißt, was wir Frauen Zartestes an uns haben. Endlich hat sich der Papst bemüßigt gesehen, solche Liebe mit dem Kirchenbann zu belegen.«
»Ach, wie bin ich glücklich, daß ich all dies nicht erwischt habe!« frohlockte, vor Dankbarkeit strahlend, die Novize.
Als die frommen Schwestern diese Anspielung auf vergangene Liebesfreuden vernahmen, schwante ihnen, daß die Kleine sich bereits ganz ordentlich an der Wärme eines Kruzifixes von Poissy gelabt und die Schwester Ovidia an der Nase herumgeführt und weidlich über den Löffel balbiert hatte. Sie freuten sich alle von Herzen, daß sie an ihr eine so lustige und vergnügliche Haut gefunden hatten, und fragten sie, welches Abenteuer sie hierher hinter Schloß und Riegel geführt habe.
»Ach«, versetzte sie, »ich habe mich von einem ausgewachsenen Riesenfloh stechen lassen, der schon getauft war!«
Bei diesen Worten konnte die Nonne mit dem b-moll-Tönchen einen zweiten solchen Seufzer nicht verdrücken.

Aus: Honoré de Balzac: Die wunderlichen Reden der Nonnen von Poissy. Übersetzt von Walter Widmer. In: Tolldreiste Geschichten. München 1990. –

Der Floh – abergläubisch

Floh (pulex irritans).

1. *Onomastisches.* Deutsch *F.* (ahd. *floh,* mhd. *vlôch,* heute noch so bayr.-österr.); engl. *flea,* das auf altengl. *fleah* beruht. Das Wort hängt zusammen mit »fliehen«, bedeutet demnach der »Flüchtige«[1]. Ein anderes germanisches Wort für »F.« ist altengl. *loppa,* dazu schwed. *loppa,* dän. *loppe*[2], hiezu ndd. *loppen,* pl. »F.e«[3]. Das Wort besagt »Läufer, Springer«. Die romanischen Namen des F.s gehen sämtlich auf lat. *pulex*[4] zurück: rum. *purece,* ital. *pulce,* franz. *puce,* span.-port. *pulga.* Scherzhaft-volkstümliche Namen für den F. nehmen Bezug auf seine Farbe. So heißt er im böhm. Riesengebirge *Schwarzla*[5]. Vgl. hiemit im Pariser Argot *puce* als Bezeichnung für eine Spanierin oder Negerin. In der deutschen Soldatensprache[6] heißen die F.e *braune Husaren, schwarze Dragoner, Schwarzreiter, Schutztruppe*[6].

2. *Biologisches.* Über die Entstehung der F.e haben sich schon die Alten Gedanken gemacht. Nach *Aristoteles* entsteht der F. aus Fäulnis und Mist[7]. Auch sein altind. Name *malaga,* d. h. der im Schmutz Gezeugte[8], bekräftigt diese Auffassung. Ähnlich äußert sich *Megenberg*[9]: der F. entsteht aus angewärmtem Staub und fäuliger Feuchtigkeit. Nach *Isidor,* der *pulex* von *pulvis* »Staub« ableiten will, leben die F.e vom Staube wie die Teufelsschlange im

1 *Weigand-Hirt DWb.* 1, 556. 2 *Edlinger Tiernamen* 43 f. 3 *Bergmann DWb.* 166, s. v. »Lauf«. 4 *Meyer-Lübke REWb.* Nr. 6816. 5 ZfadSprV. 1919, 7–10. 6 HessBl. 11, 202. 7 *Keller Antike Tierwelt* 2, 400. 8 *Edlinger Tiernamen* 44. 9 *Buch der Natur* 259 f.

Paradies[10]. Man beachte, daß *Beelzebub* der Herr des Ungeziefers, also auch der F.e ist. Nach einer kurdischen Sage entstehen die F.e aus der Asche einer Schlange, wodurch der dämonische Charakter des Insekts erwiesen ist[11]. Der Glaube an die Entstehung des F.s aus Staub und Mist ist natürlich darauf zurückzuführen, daß das Insekt bei Unreinlichkeit am besten gedeiht. Im Böhmerwalde glaubt man, die F.e entstünden aus Sägespänen[13], daher der Aberglaube, man könne aus Sägespänen F.e machen[14].

Was die Ernährungsweise des F.s betrifft, so konnte in dieser Hinsicht kaum ein Aberglaube aufkommen, da der Mensch ja selbst, allerdings unabsichtlich, für das Fortkommen des Tieres sorgt. Schon *Aristoteles* sagt, daß der F. vom Blute seiner Wirte lebt[15]. Auf diesen Blutdurst bezieht sich wohl auch die Volksmeinung, daß wer Fleisch ißt, von den F.n gebissen wird[16]. Fleischgenuß erzeugt Blutfülle. Demgemäß ist auch bei Polen und Russen die Ansicht verbreitet, der F. gehe aus dem Dorfe in die Stadt, weil die Leute dort länger schliefen und fetter seien[17].

3. *Abwehr.* Die meisten Abwehrmittel gegen die F.e sind zeitlich begrenzt. Am Fastnacht-Irtag (Faschingsdienstag) kehrt die Magd noch vor Sonnenaufgang nackt die Stube, wodurch sie sich selbst gegen die F.e im Jahre schützt, dann trägt sie »unberedet« diesen Kehricht auf des Nachbars Mist, damit diesem die F.e zugehen[18]. Am Gründonnerstag lüftet man die Betten[19]. Am Karfreitag kehrt man vor Sonnenaufgang das Zimmer fleißig aus[20], auch tut man frisches Stroh in die Betten[21]. Am Karsamstag, beim ersten

10 *Keller* op. cit. 2, 400 f. 11 ZfVk. 16, 383. 12 *Knortz Insekten* 72. 13 *Schramek Böhmerwald* 245. 14 *Wuttke* 267. § 393 (Schlesien, Ostpreußen). 15 *Keller* op. cit. 2, 400. 16 ZfVk. 1, 181. 17 Ebd. 15, 104. 18 *Schönwerth Oberpfalz* 3, 279. 19 *Strackerjan* 2, 176 Nr. 408; *Wuttke* 398 § 613. 20 *Birlinger Volksth.* 1, 472 (Schwaben); *Kuhn Westfalen* 2, 134 Nr. 403; *Engelien u. Lahn* 231 (Brandenburg). 21 *Drechsler* 1, 89.

Glockenläuten, schwingt man ein Bündel Palmenzweige, das hinter einem Muttergottesbilde stak, und ruft dabei: »Fort mit allen Tieren, die keine Knochen haben« [22]. Wie böse Geister vertreibt man die F.e durch Zaubersprüche [23] oder durch Lärm. In Cornwall knallt man am 1. März vor Sonnenaufgang mit der Peitsche vor der Tür [23]. In Rumänien (Bezirk Covur) stößt man im März ein Messer mitten in die Schwelle und spricht dreimal die Worte: März ins Haus, F.e hinaus! (mart in casă, purecii afară) [25]. In Bäringen (Böhmen) rasselt man während des ersten Glockengeläutes beim Auferstehungsfeste mit dem Schlüsselbunde [26]. In Ungarn (Szegeder Gegend) und in Rumänien (rechts und links der Donau) springt man über das Johannisfeuer hinweg [27]. In Anhalt fegt man beim Anblick der ersten Schwalbe die F.e mit dem Besen aus dem Bette [28].
Von den zeitlich nicht begrenzten Mitteln seien aus dem 17. Jh. zuerst die animalischer Natur genannt wie Eselsmilch, Fuchs- und Igelschmalz, Bock- und Igelblut, Bocksunschlitt [29]. Von vegetabilischen Mitteln war schon im Altertum die Besprengung der Wohnung mit Korianderwasser (Koriander = Wanzenkraut) in Gebrauch [30]. *Megenberg* [31] empfiehlt allabendliche Einreibung mit Wermutsaft. In alter Zeit gebrauchte man auch einen Absud von Pfirsichblättern mit sublimiertem Quecksilber vermengt [32]. In Hinterpommern legt man noch jetzt Farnkräuter in die Betten [33]. Erde galt schon im Altertum als Abwehrmittel gegen F.e und zwar berichtet *Plinius* eine eigentümliche Prozedur. Hört man den Kuckuck das erstemal schreien, so gräbt man den Fußstapfen des

22 *Grohmann* 85 (Böhmen); *Mannhardt* 1, 290; *Wuttke* 398 § 613; ZfVk. 7, 362 23 MnböhmExc. 11, 297 f. 24 *Sartori* 3, 128. 25 *Papahagi Folklorul romanic* 121. 26 *Grohmann* 62. 27 ZfVk. 4, 403 f.; *Papahagi* op. cit. 81. 28 Mitteil. Anhalt. Gesch. 14, 24. 29 *Staricius* 466 f.; *Jühling Tiere* 269; MschlesVk. 13, 29. 30 *Keller* op. cit. 2, 401. 31 *Buch der Natur* 259 f. 32 *Jühling Tiere* 274. 33 *Knortz Insekten* 70.

rechten Fußes genau aus und streut diese Erde an die von F.n heimgesuchten Orte[34]. Zu demselben Zwecke wird noch heute Pflugerde gebraucht[35]. Auch von einem Maulwurfshügel kann die Erde herrühren[36]. Für die Volkskunde des Mondes ist von Interesse der ländliche Glaube, man müsse die F.e bei Mondenschein suchen, denn das Licht des Mondes ziehe sie an sich[37]. Ein sehr kompliziertes Rezept zur Vertilgung der F.e auf Katzen und Hunden, bei dem Koloquintenäpfel, Hirschhornöl, Terpentinöl usw. eine Rolle spielen, gibt das Romanusbüchlein[38] an.

4. *Vorzeichen.* Der F. dient mannigfach als Vorzeichen. Zunächst fungiert er als Wetterprophet. Schlechtes Wetter bedeutet es, wenn die F.e dem Menschen besonders zusetzen[39]. Kriecht ein F. jemandem an den Hals, so ändert sich das Wetter[40]. Es wird gut oder schlecht, je nachdem F.e den Körper herunter oder herauflaufen[41]. Steigt der F. dem Hunde an Kopf und Ohren, so gibt's Regen[42]. Weit verbreitet ist der Glaube, ein F. auf der Hand deute auf eine Nachricht, einen Brief. Meist wird dieser Aberglaube als Reim formuliert:

> F. auf der Hand,
> Brief aus fernem Land[43].

Nach Baumgartens[44] geistreicher, aber wenig wahrscheinlicher Vermutung ist der F. auf der Hand ein Symbol des

34 *Agrippa v. Nettesheim* 1, 215. 35 *Grimm Myth.* 3, 476 Nr. 1110; Mitteil. Anhalt. Gesch. 14, 24. 36 Ebd. 37 *Schönwerth Oberpfalz* 2, 62 Nr. 2. 38 S. 63. 39 *Reiterer Ennstalerisch* 58; *Baumgarten Aus der Heimat* 1, 112; *Hopf Tierorakel* 217. 40 *Meier Schwaben* 2, 512; *Wuttke* 206 § 283. 41 *Drechsler* 2, 194. 42 *Bartsch Mecklenburg* 2, 206. 43 *Grimm Myth.* 3, 437 Nr. 74; *Schönwerth Oberpfalz* 3, 248; *Reiterer Ennstalerisch* 58; ZrwVk. 1914, 264; *Liebrecht Zur Volksk.* 329; *Birlinger Aus Schwaben* 1, 414; *Grohmann* 222; *Wolf Beiträge* 1, 239; *Fischer Oststeirisches* 114; *Baumgarten Aus der Heimat* 1, 112; *Reiser Allgäu* 2, 428; *Panzer Beiträge* 1, 262; *Fogel Pennsylvania* 91 Nr. 356; *Grabinski Sagen* 48; *Wuttke* 206 § 283. 44 *Aus der Heimat* 1, 112.

Siegels auf dem Briefe. Vereinzelt bedeutet der F. auf der Hand auch einen Besuch[45]. In Schlesien läßt ein F. auf der Stirn Krieg befürchten[46]. Merkwürdig ist es, daß der F. dazu herhalten muß, einem Kinde eine gute Stimme zu verschaffen. Findet man nämlich bei einem Kinde in den ersten Wochen oder Monaten seines Lebens einen F. und tötet ihn auf der Bibel, so bekommt das Kind eine gute Stimme[47]. Über ein F.orakel, das bei Kranken angewendet wird, vgl. Grohmann[48].

5. *Volksmedizin.* In der Volksmedizin ist vom F. wenig die Rede. Gegen Wechselfieber hilft ein Trank aus Salbeiwasser und neun F.n, die man bei abnehmendem Monde fangen muß[49].

Beim F. fällt im Vergleiche zu anderen Insekten (z. B. Fliege) seine geringe mythisch-metaphysische Wertung auf. Der Grund ist wohl in dem Beigeschmack der Komik zu suchen, der dem F. seit jeher anhaftet. Die Komik aber läßt den Mythus nicht aufkommen. Hingegen spielt der F. in der humoristischen Literatur keine unbedeutende Rolle. Es sei hier nur erinnert an *Fischarts* noch immer gern gelesene »F.hatz« sowie an *E. Th. A. Hoffmanns* entzückende Erzählung »Meister F.«.

Aus: Bächtold/Stäubli: Handwörterbuch des deutschen Aberglaubens. Berlin 1930.

45 Ebd. 46 *Drechsler* 2, 194. 47 ARw. 2, 268. 48 *Aberglaube* 151. 49 *Jühling Tiere* 98.

Das appetitliche Fleisch

Es muß das Flöhe-Fleisch recht appetitlich seyn;
Denn sonst vergafften sich die Weiber nicht darein:
Als welche nicht so leicht die Hände nach ihm strecken,
Da sie nicht erst das Maul und Finger darnach lecken.

Christoph Weißenborn

Der Floh – rätselhaft

Es fleucht und fleucht doch nicht, hat auch nicht Flügel an,
Sticht ohne Schwerdt und Spieß, es beißt, doch ohne Zahn.
Euch Jungfern hat es gern und ist auch gar gemein.
Vier Füße hat es nicht, und zwei so wenig sein,
Und hat doch alle die. Es geht in schwarzer Tracht,
Weil gestern ward von euch sein Vater umgebracht.

Aus der Dissertatio juridica des Marburger Professors
O. Ph. Zaunschliffer (1688).

Warum sieht der Floh schwarz aus?

(Wegen der stetigen Familientrauer.)

Wie viel Flöhe gehn in einen Scheffel?

(Keiner, sie springen davon.)

Wie kommt der Floh ins Bett?

(Schwarz.)

Was ist ein Glück?

(Daß die Flöhe keine Hufeisen haben.)

Vier Zeichen nenne Knabe mir,
Wenn du sie merkst vereint an dir,
Rufst du gewiß im ganzen Haus
Vor Schreck die beiden letzten aus.
Willst du nun fort den losen Wicht
Dann jagen, greif daneben nicht,
Sonst tönt das letzte Zeichen hell
Aus seinem Mund verdoppelt schnell!

Ich kam in e eng Gäßle,
Da kam e schwarzes Pfäffle,
Doß wollt mich schnäpepper,
Ich wollt nit schnäpeppert sei,
Eß schnäpeppert mich ôber doch.

Ich bin ein schwarzer Ritter,
Doch hab ein weißes Roß,
Mein Sporen schmeckt ihm bitter,
Sein Zorn darob ist groß.

Es möchte mich zermalmen,
Schlägt nach mir kreuz und quer,
Doch ob sein Zorn mag qualmen,
Es kümmert mich nicht sehr.

Sitz' auf der Croupe hinten,
Wenn mich sein Schlag sucht vorn,
Bin auf dem Hals zu finden,
Sucht hinten mich sein Zorn.

Und will sich's müde legen,
So sporn ich's wieder auf,
Bin immerdar verwegen,
Bin immer oben auf.

Ich bin in gymnastischen Künsten gewandt,
Vom Menschen ist mehr mir als andern bekannt;
Dazu auch thu' ich viel Heldenthaten,
So daß mich fürchten die kühnsten Soldaten;
Bei Allem bleib' ich am liebsten im Bett,
Und heute das erstemal bin ich beredt.

Das erste ist ein Springer zu Fuß,
das zweite ein Springer zu Pferd
und das Ganze eine Stadt in Italien.

(Florenz)

Ich weiß ein braunes Bürschchen,
Das ist so flink und nett;
Es springt als wie ein Hirschchen,
Man fängt's in Deinem Bett;
Dann führt man es nach Wargelstädt,
Von Wargelstädt nach Nagelstädt,
Und da wird es gerädert.

Ich bin kein Doctor und kein Bader,
Und jedermann laß ich zur Ader,
Doch schnöder Undank ist mein Lohn,
Mein Nam' ist: Hurtig Hüpfdavon.

Der Floh – postalisch

Der Floh

Im Departement du Gard – ganz richtig, da, wo Nîmes liegt und der Pont du Gard: im südlichen Frankreich – da saß in einem Postbüro ein älteres Fräulein als Beamtin, die hatte eine böse Angewohnheit: sie machte ein bißchen die Briefe auf und las sie. Das wußte alle Welt. Aber wie das so in Frankreich geht: Concierge, Telefon und Post, das sind geheiligte Institutionen, und daran kann man schon rühren, aber daran darf man nicht rühren, und so tut es denn auch keiner.
Das Fräulein also las die Briefe und bereitete mit ihren Indiskretionen den Leuten manchen Kummer.
Im Departement wohnte auf einem schönen Schlosse ein kluger Graf. Grafen sind manchmal klug, in Frankreich. Und dieser Graf tat eines Tages folgendes:
Er bestellte sich einen Gerichtsvollzieher auf das Schloß und schrieb in seiner Gegenwart an einen Freund:

Lieber Freund!

Da ich weiß, daß das Postfräulein Emilie Dupont dauernd unsre Briefe öffnet und sie liest, weil sie vor lauter Neugier platzt, so sende ich Dir anliegend, um ihr einmal das Handwerk zu legen, einen lebendigen Floh.

Mit vielen schönen Grüßen Graf Koks

Und diesen Brief verschloß er in Gegenwart des Gerichtsvollziehers. Er legte aber keinen Floh hinein.
Als der Brief ankam, war einer drin.

Peter Panter (Kurt Tucholsky).

Der Floh – bibliographisch

Im Jahr vor dem Beginn des Ersten Weltkrieges gelangte ein äußerst merkwürdiges Buch in die Buchhandlungen: »Floh-Litteratur (de pulicibus) des In- und Auslandes vom XVI. Jahrhundert bis zur Neuzeit, zum ersten Male bibliographisch dargestellt« (s. l. 1913, 36 Seiten). Autoren waren die durch die »Bibliotheca Germanorum erotica« bekannt gewordenen Hugo Hayn und Alfred N. Gotendorf. Sie stellten alle Bücher und Veröffentlichungen zusammen, die sich – nicht biologisch, sondern belletristisch – mit dem Floh beschäftigten. Welche dringenden Bedürfnisse sie damit befriedigten, läßt sich heute kaum noch feststellen. Sie wiesen insgesamt 106 Titel in 202 verschiedenen Ausgaben nach. Es beginnt mit A: »Abbildung eines durch ein Microscopium observirten Flohes. Anonymer Holzschnitt des 17. Jahrhunderts« und endet mit Z: »Zeitvertreib, angenehmer, für Frauenzimmer, welche sich mit Neuigkeiten gerne beschäftigen und bald alles wissen wollen. 1790. Sehr selten.«

Allerdings scheint diese Zusammenstellung nicht ganz so originär gewesen zu sein, denn bereits im Jahre 1900 hatte Carl Blümlein in der »Frankfurter Zeitung« (Nr. 233) einen tiefschürfenden Aufsatz über den »Floh in der Literatur« veröffentlicht.

Viele Jahre später fiel dem Kritiker Paul Elbogen dieses Kuriosum in die Hände. Er schrieb darüber erstaunt in der Zeitschrift »Querschnitt« (Band 11, 1931, Seite 485): »Keine Phantasie kann ein Werk ausdenken, das wissenschaftliche Arbeit so lächerlich macht und ad absurdum führt, wie dieses ›Flohlexikon‹. Es ist offenbar für die

Besitzer von Flohtheatern geschrieben worden. Aber – so muß man sich ernsthaft fragen – wieviel Flohzirkusdirektoren gibt es auf dieser dunklen Erde? Wieviel, die Deutsch sprechen?«

Anmerkung des Herausgebers:

Es scheint in der Natur von Bibliographien zu liegen, daß sie unvollständig bleiben: Das, was bei Hugo Hayn und Alfred N. Gotendorf fehlt, etwa die Märchen oder Wilhelm Busch, oder was nach 1913 erschienen ist, findet sich im wesentlichen in diesem Floh-Brevier.

Der Floh – schlußwörtlich

Der Planet der Flöhe

Herkules, Sisyphus und Co., der Elefant und selbst der Wal – alles kleine Fische. Denn der wahre Titan unter den Geschöpfen dieser Erde ist der Floh. Das Bewußtsein seiner Kleinheit (von Größe kann überhaupt keine Rede sein!) spornt ihn zu Leistungen an, die ein Homer zu besingen nicht für unter seiner Würde gehalten hätte, vorausgesetzt der Floh wäre ein Mensch. Doch damals war die Schlacht bereits geschlagen. Und niemand sprach mehr vom Floh. Was man Homer somit auch nicht erzählen konnte. Oder schwieg da nur des Sängers Höflichkeit?
So ist diese vorliegende Sammlung eine Art Wiedergutmachung – ein homerischer Schwanengesang. Die Dokumente reichen vom Frühnebel der Geschichte bis zum Untergang des Abendlandes. Sie umspannen den Erdball ebenso wie die kleinste Hütte. Der Atem der Weltgeschichte schlägt uns lauwarm ins Gesicht.
Den unermüdlichen Forschungen des bekannten, leider verstorbenen Naturforschers Professor Kalauer ist es zu verdanken, daß man nun Näheres über Herkunft und Stammesgenese des Flohs weiß. In seinen bislang veröffentlichten Schriften findet sich über diese bahnbrechenden Studien bezeichnenderweise kein einziger Hinweis. Wollte Professor Kalauer die Welt mit einer definitiven Arbeit überraschen? Auf welchen Spuren des Weltgeheimnisses wandelte er?
Es ist erst einige Monate her, da kam der Herausgeber einem von ihm lange gesuchten Konvolut handschriftlicher Notizen des Privatgelehrten auf die Spur – unter

Umständen, die einer gesonderten Darstellung bedürften.

Um es kurz zu machen: Die teils fragmentarischen Aufzeichnungen Professor Kalauers lassen nur einen einzigen Schluß zu. Der aber ist von geradezu atemnehmendem Ausmaß. – Der Floh von heute ist ein verkümmerter Zweig des menschlichen Geschlechts, der vor Jahrhunderttausenden eine einzigartige Blüte erlebte. Dafür gibt es zahlreiche Indizien. Wichtigstes, so Kalauer, sei der gelegentlich bei Menschen durchschlagende blutsaugerische Trieb. Diesen Blutrausch führt er auf diese frühe gemeinsame stammesgeschichtliche Wurzel zurück. Den anderen Leuten das Geld aus der Tasche zu ziehen, ist in der fortgeschrittenen menschlichen Gesellschaft nur der sublimierte Akt des Blutsaugens. Und Vampire sind nicht etwa die Gebilde einer etwas überhitzten Phantasie, sondern die Wiederkehr des Flohs als lichtscheuer Inkubus. Warum aber schwieg Homer?

Auch Leibniz' Erkenntnis, der Hund sei ein von Flöhen bewohnter Organismus, der bellt, ist das Bild einer – wenn selbst noch diffusen – Erkenntnis, daß Floh und Mensch sich auf dem Planeten Erde eine unerbittliche Schlacht lieferten. Es überlebte bekanntlich der Mensch. Dieser Überlebenskampf wiederholt sich seit Urzeiten tagtäglich, meist nachts in irgendeinem Bett. An der Strategie und Taktik des Gefechtes hat sich seit Jahrtausenden nichts geändert. Die älteste schriftliche Überlieferung findet sich bei Lukian, der den Menschen noch als Narr und den Floh als Sieger hinstellt:

Ein Narr, den viele Flöhe bissen,
Löscht hurtig seine Lampe aus und spricht:
Daß ich ein Narr wär und hielt euch noch das Licht!
Nun werdet ihr mich lange suchen müssen!

Die erste bildliche Darstellung – das erste Schlachtgemälde – hat Professor Kalauer bei Wilhelm Busch gefunden

(siehe Seite 125 dieses Breviers). Es ist ein seltenes Dokument der bildenden Kunst, das den Kampf auf Leben und Tod wie eine Wagner-Oper auskostet.
Aber Parallelen zwischen Mensch und Floh finden sich fast in allen Lebensbereichen. Da stellt sich die berechtigte Frage: Wer war zuerst da, der Mensch oder der Floh?
Wenn Goethe schrieb, der Floh sei ihm ein artiger Gast, ist dies von der germanistischen Exegese bisher tendenziös ausgelegt worden. Artig ist hier nämlich – entgegen der Klassik-Zentriertheit der deutschen Lehrstühle – nicht mit abschätziger Bedeutung zu lesen. Die Lesart lautet richtig: artistisch. Goethe meint also, der Floh sei als Artist ein gern gesehener Gast.
Der Floh als Unterhaltungskünstler, als professioneller Spaßmacher – das haben ihm die Menschen nur zu gern nachgeahmt. Daß sich damit Geld verdienen läßt, beweist die Existenz des Flohzirkus, von denen es im Verhältnis zur geschätzten Zahl der Flöhe eigentlich viel zu wenige gibt.
Der Floh ist auch überaus musikalisch begabt. Denn als man ihn eines Tages ans Klavier und in die Tasten hauen ließ, schuf er ein unsterbliches Werk, dessen Botschaft weltumspannend ist. Europa, ja der ganze Erdball war begeistert – so kam, wie jede geniale Tat, der Flohwalzer in die Welt.
Selbst in der praktischen Theologie haben gewisse Rituale ihren mythischen Ursprung beim Floh. Das läßt sich nicht von der Hand weisen. Der Beweis: die Echternacher Springprozession. Das zaghafte »zwei Schritt vor, einen zurück« läßt das Herz eines jeden Tiefenpsychologen höher schlagen: Abgründe, ja Schlünde von ungeheurer Tragweite tun sich vor unseren wissenden Augen auf.
Im Grunde, so Professor Kalauer, lebt und tut der Mensch also nichts anderes als der Floh. Dafür lagen ihm einleuchtende Erklärungen vor. Der letzte Beweis fehlte jedoch noch. Offensichtlich stand Kalauer vor der Tür zu einer neuen Epoche des menschlichen Wissens und Denkens, als ihm der Tod den Stummelbleistift aus der Hand nahm.

Die handschriftlichen Aufzeichnungen Professor Kalauers fanden sich in einem unscheinbaren und abgegriffenen schwarzen Wachstuchheft in einer vollgestopften Küchenschublade. Bis Blatt 45 sind die Seiten eng gefüllt mit seinen Beweisführungen und Rotweinflecken. Auf dem letzten vorhandenen Blatt 46 stehen nur einige Wörter, wie in Eile hingeworfen. Sind sie der Schlüssel?

Berlin 1822 – Meister Floh von E. T. A. Hoffmann
Stevenson: Dr. Jekyll und Mister Hyde, London!
Prag 1915, Franz Kafkas Verwandlung, ...